ここに気づけば自信が持てる

逆境に弱い人、逆境に強い人

加藤諦三
Taizo Kato

大和書房

はしがき

逆境に強い人がいる。逆境を意に介さず元気な人がいる。逆に、逆境に弱い人がいる。なぜか。

逆境に強い人はどのような考え方をするのか。そのことをこの本では考えた。たとえば、何か悩みがある。そのときに逆境に強い人は、「この悩みは無駄でない」と考える。そういう考え方で悩みに立ち向かう。

今悩んでいるが、このことはいつか将来、私の人生に役に立つ。今悩んでいることは、私の人生になくてはならないことなのだ。いつか将来、「あのときに、あのことで悩んでよかった」と思う日が来る。

逆境に強い人はこのように考える。つまり長い将来の中で自分の今の悩みをとらえる。

本文中で何度も説明するが、逆境に強い人と逆境に弱い人では、自分の体験をとらえる時間的枠組みが違う。

逆境に強い人は、長い人生の中で今の自分の体験を解釈する。だから逆境に強い人には、「禍を転じて福となす」という解釈をする心の姿勢がある。

逆境に弱い人は、その時点、その時点だけで体験を解釈してしまうから、逆境を「悪い」こととしてとらえてしまう。だから逆境に弱い人は、「ああ、誰か何とかしてくれー」となる。

そこで逆境に弱い人は、とにかく「誰か助けてくれ！」と心の中で叫ぶ。「ああ、困った、困った、どうしよう」となる。

それに対して逆境に強い人は、とにかく、そこで自分のできることをしてみようとする。

逆境に強い人は、悩みであれ、喜びであれ、自分の今の体験をその本質でとらえようとする。

逆境に弱い人は表面に現れる現象に気を奪われてしまう。

禍を転じて福となすためには、禍の現象に気を奪われてはならない。福となすためには、禍の本質をとらえる必要がある。

逆境に弱い人はどうしても感情に流される。

人間の回復力や不屈力を研究しているジーナ・オコンネル・ヒギンズによると、それは問題に対するプロアクティブ（proactive）な傾向であるという[1]。

プロアクティブとは、どんな小さいことでも今自分のできることをすることである。起きたことに反応するのではなく、自分から動く。自分から働きかける。

今の感情的満足ではなく、先の問題解決を考える。今の感情に負けない。「それをしたら、その先どうなる」ということを考える。

このプロアクティブな傾向と自分の体験をとらえる時間的枠組みとは高い相関性がある。

逆境に弱い人は感情に負ける。「それをしたら、その先どうなる」ということを考えないで、「それ」をする。覚悟をしないで「それ」をする。

そして事が起きたときには、助けを求めて大騒ぎをするか、自分の殻に閉じこもる。逆境に強い人は自分の殻に閉じこもらない。

逆境に強い人と逆境に弱い人では起きている事柄にそれほど大きな違いがあるわけではない。

そもそも生きるとは逆境を生き抜くことである。

うつ病で大きな業績を表しているアメリカの精神科医アーロン・ベックがうつ病者とうつ病でない人では体験は似ているが、その解釈が違うと著書[2]の中で述べている。同じことが逆境に強い人と逆境に弱い人にも言える。

逆境に強い人は、どんなに逆境が深刻でもその本質を見極めようとする。そして、そこから積極的な意味を見いだそうとする。[3] だから逆境に強い人は何か起きると「よかったじゃない」と言う。

逆境に弱い人は、現象に囚《とら》われて、逆境を顕微鏡で見て、「これから私はどうにもならない」と無気力になる。

私たちは得てして現象に囚われて逆境の本質を見誤ってしまう。冷静に対処すれば解決できる場合でも、立ち上がれない。

逆境に打ちひしがれ、「なんで私の人生はこんなにもつらいのだ、もう駄目だ」と解釈する。そういう人は、そもそもその逆境の解釈の時間的枠組みが間違いであることが多い。時間的枠組みによっては「よかったじゃない」ということにもなる。

その他に、逆境に強い人と逆境に弱い人の間にはいろいろな考え方の違いがある。

この本ではそのいろいろな違いを考えた。

今自分は逆境に弱いと思っても、逆境に強い人の考え方を身につければ、逆境に強くなれる。

ヒギンズによると、逆境からの回復力は先天的なものだけではない。そして回復力のある人とは次のように定義している。

成長への重要な挑戦を乗り越えることができる人である。

そして人は生涯成長を続ける。

つまり、自分が成長するにしたがって直面する重要な成長の仕事を完遂する。そのためにつねに、困難にかみつく[4]ということである。

「かみつく」の英語表現はSnap buckである。逆境が襲ってきたときに、逆にその逆境にこちらからかみつく。そうした逆境に強い人になるためには、今の自分のどこを直したらよいのか、それがこの本のテーマである。

人生は逆境の連続、もめ事の連続。それが自然である。だからどんな環境に生まれても、逆境に強い人にならなければ最後まで生きていけない。

逆境に弱い人、逆境に強い人◉目次

第2章

逆境に弱い人の心の深層

あなたは「心の逆境にピリオドを打てる」か

解決すべきことから逃げてはいけない

執着が強い人は、逆境に負ける

今日を精一杯生きる人は成長できる

幸せになる人は、ちょっとした勇気を持っている

第3章

生きるエネルギーの使い方

第1章

逆境に強い人の視点

心の向き方ひとつで、逆境に強くなれる

■素晴らしい人生を送るために必要なこと

人生は躓《つまず》きの連続である。

しかし、人は得てして自分の人生だけが躓きの連続だと思ってしまう。端から見れば、華やかなエリート・コースを順風満帆《まんぱん》で生きているように見えても、それはあくまで端から見てそうであるというに過ぎない。本人からすれば、それはやはり躓きの連続である場合が多い。

しかし、躓きは見方によっては次のステップへの一つの段階である。

「ある状況の中で、それについて考えようという意志があれば、迫害的な状況も単なるひとつのできごとになってしまいます(5)」

だから逆境で心理的に脱皮する人もいれば、逆境から立ち上がれない人もいる。
アメリカの心理学者デヴィッド・シーベリーは「経験は多くの可能性を秘めていま
す。対処の仕方によってさまざまな結果が起こり得ます[6]」と書いている。
失敗も多くの可能性を秘めているのだけれども、立ち上がれない人がいる。それが
逆境に弱い人である。

ニューヨークで活躍しながら数々の精神医学的名著を書いているジョージ・ウェイ
ンバーグは、神経症的な人は次の三つができないという。
1　目的を変える
2　新しい物の見方
3　妨害に打ち勝とうとする努力の強化
まず「目的を変える」ことについて考えたい。
ウェインバーグは著作[7]の中で、ある事故により車椅子での生活を余儀なくされた若
い棒高飛び選手のことを書いている。

若者が付添い人に尋ねる。

「君は僕には未来があると思うかい？」

すると付添い人は答える。

「棒高飛びの選手としての未来ならノーでしょうが、人間としてならイエスですよ」

そのあとウェインバーグは自分の患者だったライルという人について書いている。生まれつき才能に恵まれた運動選手だったが、トランポリンの事故で車椅子を使わねばならなくなる。

ライルの場合、ある日不意に、体育館で人生が変わってしまった。もはやオリンピック参加は望めない。この躓きで残りの人生を何もしないで過ごすことになっていたら、彼の運命は、抑うつに定められてしまうことになる。

しかし、ウェインバーグは、ライルが新しい希望を抱き得る仕事を自分で見つけるのを助けようとする。

ライルがどんな選択をしようと、それがどんなに小さかろうと、その選択が彼の能力への信頼を強め、彼にとってまだ人生は可能性を持っているという信念を強めるだろうとウェインバーグは言う。

ここで大切なのは、「それがどんなに小さかろうと」という部分である。人は大きなことで幸せを失うのではなく、小さなことで幸せを失う。

ライルの両親が語ったところによると、ライルは学校で数学に興味を持っていた。ただし事故以来、数学にも他の何にも完全には心を向けていない。

ある日ウェインバーグは、その頃耳にした数学の確率におけるある問題について触れた。

その問題についてしばらくの間、ライルは解こうとしないで独白していた。ついにライルが、まるで彼の左の靴にでも話しかけるように、その質問のある見方について軽くコメントを述べた。やりとりが続き、彼の意見はだんだん速く、聞きとれるようになってきた。

そしてライルのあごは胸から離れ、彼と知りあってから初めて、彼はある程度の力強さをもってウェインバーグを見て話していた。彼の目は鋭く、何かに夢中になっていた。

二日後、彼の母親から機嫌のよい声で電話が入った。ライルは、この八カ月のうちで、「初めての積極的なことをした」と母親は言った。

彼が本をとりあげたのだ。それは古い大学の統計学の教科書だった。そして、彼はそれを読んでいた。それから鉛筆と紙を要求した。そして彼は何か計算していた。

ウェインバーグは「ライル、君はもう大丈夫だ」とひとり言った。

スポーツ選手としての未来を失って新しい未来が生まれた。こうして人は逆境を乗り切って、人間として成長していく。

■狭い世界に閉じこもる人は立ち直りにくい

悩んでいる人は多面的視点から日々の出来事を認識できない。一面的な視点の人は逆境から立ち直りにくい。

サッカーで挫折しても、サッカーだけが人生ではないと悟ったところで、人生が開ける。

新しく人生が開ける前には、涙がある。心に涙がたまってる。だからきっと明日はいい日になる。人は涙の後に蘇《よみがえ》る。こう考えるのが逆境に強い人である。

サッカーができないということをどこまで引きずって生きるか。そこが問題である。いつまでもサッカーを引きずっている人は、過去に囚われて未来を失う。

「生き方はいっぱいある」と思った人は逆境から立ち直る。

「動かなければいけない」、そう思う人が逆境に強い人である。

一面的な視点で物事をとらえていると、狭い偏った世界に「はまってしまう」。逆境から立ち直れない。


人に優越することを目的にした神経症的野心の場合には、目的を変えることができない。しかし自分の心の中から生まれてきた目的の場合には、目的を変えることができる。

そしてその蘇る途上で逆境に強い人になれる。失敗とか挫折は、その人を鍛える。

しかし、神経症的野心から出た目的で失敗したときには逆境に弱い人になる。それは挫折によって劣等感が深刻になるだけだからである。

「わたしを強くしたのは、人生における勝利ではなく敗北だ[8]」

ふだん地道な努力をしないで、どうやったら社会の陽のあたる場所で安易に暮らせるかを考えている人がいる。こういう人が逆境に陥ったときには、逆境に弱い人になる。

■失敗は自分をとらえ直す機会である

うつ病になりやすい執着性格者といわれる人々は、職場でもどこでも「失敗してはいけない」という規範意識が強いといわれる。

それは規範意識が強いというよりも、私に言わせれば、むしろ「変化に対応できない」ということである。「変化に対応できない」ことが、「規範意識が強い」という形を取って表れているに過ぎない。

だいたい執着性格者は変わることが怖い。変えるエネルギーも、変わるエネルギーもない。

彼らは躓いたときに、目的を変えられない。やってみて自分に向いていないと分かれば、他の目的に切り替えるという柔軟性がない。

彼らには「目的を変える」ということが考えられない。変化に対応できない。柔軟性もないし、変えるエネルギーもない。まさに執着性格者は逆境に弱い人である。

運命が変わったとき、逆境に強い人は状況にふさわしい目的に変える。

いつまで努力しても人生が好転しない人は、どこで自分は道を間違えたかを考えることである。そのスタートラインに戻ることである。

躓きがもたらすイライラと無気力は、「このままこの道を進んではいけない」というメッセージなのだから。

しかし躓きが深刻であれば深刻であるほど、一発逆転の大成功を狙う。そしてそこでまた躓いて自分への絶望を深める。イライラも深刻化する。

「失敗は警告の赤信号。わたしたちの行動が賢くないことを教えてくれます。自分自身と向き合って、効果のあがらぬ原因を発見せよ、と失敗は示唆しているのです(9)」

実は「この道は駄目」と分かったときに、自分に本当に適した進路が見えることが多い。

そこからが出発なのだ。躓かなければ成功の道さえ分からない。躓いて、この道は駄目と分かったことが、「どう生きたらよいか」の回答である。

■はじめの目的に執着する人は幸せになれない

躓いた自分を駄目な人間と思うことがある。それはその躓きで自分の価値が奪われたと錯覚するからである。だから人は躓きを恐れる。

こういう人たちは生きている目的が、「人に認めてもらうこと」である。だから、その目的を変えることはできないのである。

執着性格者ははじめの目的に執着する。はじめの目的がかなえられないときに、意識の上では乗り越えたと思っても、無意識では依然として執着していることがある。

たとえば第一志望の会社に入れなくて、第二志望の会社に入った。そして「これでよかった」と意識の上では思っている。はじめの目的がかなえられなくても、現実には今の生活が始まっている。

意識の上では何の問題もないように見える。しかし無意識の世界では、まだ第一志望の会社にこだわっている。これが執着性格者である。

もし今が本当に幸せなら、人はおそらくはじめの目的にこだわっていない。しかし本当に幸せではないのに、「私は幸せ」と無理に自分に言い聞かせているような場合には、はじめの目的を変えられていない。

不幸を受け入れるということは、第二志望に入って幸せになれるということである。意識の上でも無意識の世界でも幸せになれているということである。

■躓いたときは新しい眼を育てるとき

次に、ジョージ・ウェインバーグの言う「新しい物の見方」ができないということについて考えたい。

新しい物の見方ができない人がいる。それは憎しみがあるからである。

周囲の世界に憎しみがあるから、どうしても世間を見返したい。あの人に復讐《ふくしゅう》したいとなる。

憎しみのある人にとって、新しい物の見方をするということは復讐ができなくなるということである。だから憎しみのある人は新しい物の見方ができない。

「心が狭いと困難に屈服してしまいます(10)」

若い頃、成績の躓きであろうと、不合格であろうと、事業の危機であろうと、躓きがあったら、まず「よかった」と思うことであろう。早々と躓いたおかげで、人生の最後で躓くことを避けられたのだから。

今回大きな躓きをしたおかげで、その後の人生で二度とそうした躓きをしない。躓いたときが新しい物の見方を始めるチャンスである。そのまま行けば、最後は自滅していたかもしれない。

逆境に強い人は、長い生涯という時間的枠組みの中で今の体験をとらえる。

■ 現実の自分を無視してはいけない

次に「妨害に打ち勝とうとする努力の強化」ができない人々について考えたい。

神経症的傾向の強い人は、躓くとそれに打ち勝とうとする努力の強化ができない。彼らは自分が何処《どこ》に立っているか分からない。自分が誰だか分からない。いつも「現実の自分」を無視して行動する。

今まで無視していた「現実の自分」を教えてくれるのが人生の躓きである。だいたい、躓いて、その妨害に打ち勝とうとする努力の強化ができない人は欲張りである。努力しない完全主義者である。さらに先が見えない。準備しない。

したがって、こうして躓いた人は、まず準備の大切さを知ることである。

準備をしないで始めるのは、それをするのに自分はふさわしいか、ふさわしくないかを考えないからである。

それをするのに「この自分はふさわしいか」と考えられる人が社会的感情のある人である。

社会的感情のある人は社会の中の自分の位置が分かっている。他人と自分の関係が分かっている。だから努力が報われる。

自分の体力から考えて、自分が登れる山は高尾山なのにヒマラヤに登ろうと頑張る人は、努力が報われない。自分の位置が分かっていないから努力は報われない。

心理的に健康な人は「現実の自分」から出発する。だから「このことを自分はできるか」ということから考える。

「自分にできる」と思えば始める。自分にはできないと思えば始めない。できるかできないか分からないときにはリスクを負って始める。

しかし神経症的傾向の強い人は「自分にできるか」と考えない。「それをしたい」ということで始めてしまう。心の傷を癒すために、それをする必要性があるからである。

そこで神経症的傾向の強い人は「自分にできることをしないで、自分にできないことをしようとする」といわれるのである。まさに現実の自分を無視する。そして逆境に弱い。

だから、逆境になったときに「妨害に打ち勝とうとする」エネルギーが残っていない。心の葛藤《かっとう》でエネルギーを消耗し尽くしている。

■ 努力の強化ができる人、できない人

「あなたは自分が何処に立っているか分からない。自分が誰だか分からない」

こう言われても、神経症的傾向の強い人はそれがどういう意味だか理解できない。

これを「ああ、そういうことか」と理解できれば、その人はもう神経症者ではない。

自分の能力の中で楽しむ。それが逆境に強い人。

あの人は家を買った。私は家はないけど、こんなに楽しい仕事がある。

あの人は出世したけど、私にはこんな楽しい趣味がある。

あの人はお金があるけど、私はこんなに健康だ。

こう考えるのが逆境に強い人である。

他人の尺度で自分を測る。それが逆境に弱い人。

逆境に弱い人は自分のない人。

あの人は家を買った。こんなに頑張っているのに私は家を買えない。

あの人は出世したけど、私はいつも貧乏をしている。

あの人はお金をためた。私はこんなに働いているのにお金がたまらない。

こう考えるのが逆境に弱い人である。


「妨害に打ち勝とうとする努力の強化」ができるのはどういう人か。躓きをどう考えるか。

好きな跳び箱を飛び損なった少年は、どうしたら飛べるかを考える。飛び損なったことを失敗と考えない。

躓きを失敗と思うのは、その人が好きなことをしていないからである。躓きそのことが問題ではなく、躓きの解釈の仕方が問題なのである。

逆境に強い人は過程を重視する。結果志向でない。

逆境に弱い人は結果志向である。

「最大の目標、究極の意図、目的の達成を総対として眺めること、それらが、失意の人をささいな失敗から解放するのです」[11]

■挫折するのを恐れることはない

アドラー心理学で知られるオーストリア出身のアルフレッド・アドラーの解説書に次のような話が載っている。

ある医師が医学部にうんざりして文学と演劇を志したという。しかし、その方面に挫折して医学部に戻ったときに、アドラーが「将来の職業のことがはっきりしないのは、何も悪いことじゃないよ。きみは落ち込んでもすぐに立ち直れたね」と、その勇気を褒めてくれたという。「きみには勇気がある。自分の道を切り開けるさ」と励ましてくれた。

そして「わたしの回り道は、わたしの大切な財産に変わったのです」と感想を述べている。[12]

「心配するのに、大きく分けて三種類の人びとがいます。

自分のトラブルを解決する道はないかもしれないと感じつつ激しく揺れ動き、運命を呪うタイプの人たち。

ただ祈るのみで、神が答えを示してくださるであろうとあてにしている人たち。

そして、指針を求め、喜んで努力しようとする人たちです。

失敗の中に、成功に関する情報が秘められていると信じているのは、最後のタイプの人たちです[13]」

最後のタイプは、失敗を失敗と考えない。視点の多いタイプである。逆境に強い人である。

「わたしを強くしたのは、人生における勝利ではなく敗北だ[14]」と言ったからといって、誰もが敗北で強くなれるわけではない。挫折して「私は悲劇の主人公」と言う人もいる。

「今はこのほうがよい」と思えば楽になる

■「無名兵士の言葉」の意味

逆境に強い人と逆境に弱い人では、物事を考える時間的枠組みが違うということを書いた。そのことについて、もう少し考えてみたい。

ニューヨーク大学リハビリテーション研究所のロビーの壁に掲げられている詩がある。一五〇〇年前の南北戦争に敗れた南軍兵士の作といわれているが、この「無名兵士の言葉」に次のような一節がある。

「偉大なことができるようにと健康を求めたのに、より良きことをするようにと病気を賜《たまわ》った」

健康は求めるものではなく結果としてもたらされるもの。

「幸せになろうとして富を求めたのに、賢明であるようにと貧困を授かった」

富も力と同じように、求めるものではなく結果としてもたらされるもの。幸せをもたらしてくれるのは富よりもむしろ貧困である。

「世の人々の賞賛を得ようと成功を求めたのに、得意にならないようにと失敗を授かった」


動機には、「欲求五段階説」で有名なアブラハム・マズローが言うように、成長動機と欠乏動機がある。

成長動機とは自己実現への欲求である。

欠乏動機とは、愛情欲求その他、基本的欲求を満たそうとすることである。

成長動機で生きた人は、リスクを背負って生きたのだから、成功と失敗はある。しかし充実している。絶望はない。

何よりも後悔がない。「我が人生に後悔なし」は、成長動機で生きた人である。

欠乏動機で生きた人は、外側から見ると輝いて見えても、後悔している。「もし、しようと思ったことを一つでもしていたら、私の人生も違っていただろう」という後悔である。

フランクルは「『成功と絶望』とは矛盾しない」と言った。

成功すれば賞賛を得るだろうが、それで必ずしも人は幸せになれるものではない。成功で幸せになれる人は自分に絶望していない人である。

成功は社会的には素晴らしいことであるが、社会的に素晴らしいことで人は幸せになれるものではない。財産も成功も手に入らなかったからこそ幸せな未来が待っているということもある。

世の人々の賞賛を得ようとして成功を求め、もし求めたとおり成功を与えられたとする。その人は幸せになったろうか。

■自分の未熟さを認める人は幸せになれる

私は今二人の人を思い出す。一人は世界の大富豪といわれた人である。父親は大政治家であった。その彼が証券取引法違反で逮捕された。

彼は「父親の亡霊で、生きていた」と私は推測している。彼は能力があるのではない。彼は父親に従順で偉くなった。

彼は小さいところに指示を与えている。ホテルのフロントまで指示を出しているという。カウンターのあり方までを指示するのは変である。

新聞は「実権を握っている」と解説しているが、自信がないだけではないか。自分らしく生きていないから本当の自信がない。

彼は自立ができていない。女性がいろいろいるというが、それは不安であることの証拠である気がする。

彼には迫力がない。存在感はない。女がひざまずいてお茶をいれる。ドイツの社会心理学者エーリッヒ・フロムのいう悪質な近親相姦願望であろう。

彼にはお父さんだけしかいなかったのではないだろうか。

「本当の自分」ではないままで社会的に成功した場合には、周りにいる人がひどい。

「本当の自分」で生きていないから、周りが見えない。だから「本当の自分」がないときには偉くなっても取り巻きが悪い。

こういう人は自分の奥さんを怖がる。それは「本当の自分」がないから。

もう一人は作曲家であり、作詞家であり、大ブームを起こしていた音楽家である。しかし彼は詐欺事件を起こしてしまった。

彼は名声が手に入らなければ、あのような地獄に堕ちなくてもよかったのではないだろうか。名声が手に入らなければ、賢い彼は幸せになれたのではないか。

名声を得られて幸せになった人は、名声を得られるべきときに名声を得ているのである。今の自分にふさわしくないほどの成功をした場合には間違いなく大きな不幸が来る。

成功を求めたのに失敗したときには、「今は」失敗したほうがよかったのだと神が教えているのである。

だから「今は失敗してよかった」と思うのが筋である。今成功していたら先にいって絶望したに違いない。

まだ自分は成功するまでに成長していないというように解釈することである。そうなってはじめて日々が幸せに送れる。

自分が求めた成功は、今の自分にはふさわしくない成功だったのである。そう考えられる人だからこそ、「失敗は成功のもと」なのである。

それは恋愛でも同じである。好きな人に振られてしまった。それは誰にとっても悲しいことである。生きている意味がなくなる。何をしても面白くない。というよりも何をする元気も出ない。

誰にとっても失恋は生きるエネルギーを奪う。「生きていたってしょうがない」と感じる。

しかし長い自分の人生を考えたときには、今は失恋したほうが良いのだと神さまが教えているのである。その人と恋愛をするまでに自分は成長していない。そう神さまが教えているのである。

その失恋で自分の未熟さを自覚するからこそ、次はもっと素晴らしい恋愛が待っているのである。

今の情緒的に未熟な自分からもっと情緒的に成熟した人間になりなさい、というのが神さまのメッセージである。だから今はどんなに苦しくても失恋したほうがよい。その苦しさで成長するのである。

■たまたまの成功ほど恐ろしいものはない

人生に対して「生産的な構え」をするためには「今はこのほうがよい」という考え方が必要である。そういう心の姿勢が必要である。

逆境で幸せを失って突っ張ってしまう人には、この考え方がない。

逆境でひがんでしまう人には、この考え方がない。

希望を失う人には、この「今はこのほうがよい」という考え方がない。

事業に失敗しても、失恋しても、つらいのはつらい。しかし「今はこのほうがよい」のである。

失業でも何でも、物事が自分の望んだとおりにいかないときには、苦しいのは苦しい。しかし「今はこのほうがよい」のである。

「今はこのほうがよい」と考えて頑張っていれば、いつか幸せは来る。「あのときはあれでよかったのだ」と思える日が来る。

「あのときに、崩れ落ちる自分を必死に支えて頑張ったから今の幸せがある」と思える日がきっと来る。

その時その時に自分に値しないものを得てはいけない。その瞬間がどんなに喜びに満ちていても、分《ぶ》に値しないものなら、すぐにどん底に突き落とされる。

まさに「世の人々の賞賛を得ようとして成功を求めたのに、得意にならないようにと失敗を授かった」ことで、その人は幸せになれたのである。失敗したからこそ、最後には祝福されたのである。

そのときにその人が成功をしていたら、その人は地獄に堕ちていたかもしれない。

成功して傲慢《ごうまん》になった人ほど嫌な人間もいない。鼻持ちならない人とは成功して得意になっている人である。

質《たち》の良い人が寄りつかない。周りには質の悪い人ばかりが集まる。周りにはその人を利用しようとする人ばかりである。その人にたかる人ばかりである。

だからその人に利用価値がなくなれば、皆去っていく。独りぼっちになったときに気がついても遅いということがある。

たまたまの成功ほど恐ろしいものはない。自分の実力に見合わない成功ほど恐ろしいものはない。

■苦悩に耐えることが人間の最高の価値

「長寿を楽しむために健康を求めたのに、一分の価値を知るようにと病気を賜った」

この「無名兵士の言葉」も、今を生きることの大切さを教える言葉である。

ただ長生きすればいいというものではない。無意味に長く生きるよりも、今生きている一分一分を大切に生きることのほうが本質的には長寿であろう。

フランクルは「苦悩が人間に提供する意味(15)」が至高のものであると述べている。

「求めたものは一つとして与えられなかったが、願いはすべて聞き届けられた。私はもっとも豊かに祝福された」

この「無名兵士の言葉」で言っていることは、一口で言えば「ホモ・ファーベルからホモ・パチエンスへと人間像を換える」ということである。

ホモ・ファーベル（Homo faber＝働く人間）、それは成功を目指す人、「成功と失敗」の軸でしかものを考えられない人である。

人生を「成功と失敗」という価値観の軸だけで生きているホモ・ファーベルが成功しても、時に自らへの絶望に苦しんでいることがある。

またホモ・ファーベルは失敗したときが問題である。どうにもならない状況に追いやられ、いつしか無気力になる。

ホモ・パチエンス（Homo patiens＝苦悩する人間）、それは最も甚だしい失敗においても自らの生を充足できる人であり、「充足と絶望」という軸で生きている人である。[16]

ホモ・パチエンスの立場からすれば、病気の苦悩に耐えることは人間の最高の価値である。

人間の価値には創造的価値や体験価値の他に態度価値があるとフランクルは言う。

それは「いかに宿命に耐えるか」ということである。運命にどういう態度で立ち向かうかということである。

そして「態度価値は創造的価値や体験価値に対して、苦悩の意味が労働や愛情の意味より次元的に上位にあるかぎりにおいて、すぐれていることがわかります[17]」と述べている。

ホモ・ファーベルが考える「成功した人生」と、ホモ・パチエンスが考える「価値ある人生」は違う。

苦悩することの意味と価値を知れば、地獄が天国に変わる。

■満たされていないから求めてしまう

「偉大なことができるように健康を『強迫的に』求めた」とき、「幸せになろうと富を『強迫的に』求めた」とき、「世の人々の賞賛を得ようとして成功を『強迫的に』求めた」とき、そして幸せになれないとき、私たちは何を反省したらいいのか？

力や富や成功は、人が自分の基本的な欲求を満たそうとして求めているものである。安全や愛情や帰属への欲求などが満たされれば、それは求めない。

幸せでないから富を求める。基本的欲求が満たされていないから富を求める。

富を求めた動機は不幸であり、見返したいという復讐的欲求である。

富を得ても得られなくても、結果としては見返したいという復讐的欲求は強くなっている。その結果、もっと富が欲しくなる。

「無名兵士の言葉」に書いてあるような気持ちで毎日を過ごすことができれば、きっと満足な人生を送れる。

「求めたものは一つとして与えられなかったが、願いはすべて聞き届けられた。私はもっとも豊かに祝福されたのだ」ということは、心理的成長をしたということであり、情緒的成熟をしたということである。

「求めたもの」は与えられなかったということは、要するに市場主義経済の価値観の枠組みの中で「一つとして与えられなかった」ということである。

それを得られなかったけれども、祝福されたということである。それは市場主義経済の価値観を乗り越えたということである。

それは優越することが重要になりすぎることで、多面的な物の見方ができなくなっていることから解放されたからである。

人は不安から安心を求める。そして人に優越しようとする。そして視野が狭くなる。視野が狭くては逆境を乗り越えられない。

逆境は視野を広げろというメッセージである。

レジリエンス（回復力）はこうして鍛える

■不幸を受け入れる人は強い

英語でレジリエンス（resilience）という言葉がある。回復力とか復元力とか、立ち直る力とか訳したらよいのかと思う。その研究もされている。

レジリエンスのある人は不屈のパーソナリティーの人である。この本との関係で言えば、レジリエンスのある人とは逆境に強い人である。

ただヒギンズというレジリエンスの研究者によると、そのレジリエンスの定義は、今のところ小さい頃の経験から想像されるよりはるかに心理的に望ましく機能するということであるが、スタンダードな定義はないという。(18)

この本では逆境から立ち直ることを私なりにいろいろと定義していくが、逆境に強い人になる条件の一つは、「不幸を受け入れる」ことであると私は思っている。

「不幸を受け入れる」とは、私が何冊も日本語に訳しているアメリカの心理学者シーベリーの言葉である。

私流に解釈すると、それは苦しみを当然のことと受け止めることである。そして「今にいいことあるさ」と前向きになる。そして楽しみも、またそのまま楽しむ。

不幸を受け入れることは、人間にとって最善の生き方である。

もう一度言う。不幸を受け入れる人は、逆境に強い人である。


病気になったときに、その病気自体の苦しみというのはある。熱があれば健康なときに比べれば、誰でも不快である。

しかし、その病気で何となく情けない気持ちになってしまう人もいれば、気持ちはそのまま元気な人もいる。

歳をとれば、その病気で「ああ、俺はもうダメか」と嘆き苦しむ人もいる。そして、その病気を契機にいろいろなことを悲観的に考えだす人もいる。

とにかく同じ病気にかかっても、すっかり落ち込む人と、気持ちだけは健康なときと同じように元気な人といる。

ところが逆境に弱い人は、自分は病気が原因で苦しんでいると思っている。けっして病気が憂鬱《ゆううつ》の原因ではない。病気が与える影響は人によって違う。

「ああ、病気でなければ」と願うのは、健康で理想的な自分への執着である。それは些細《ささい》な不幸も受け入れることができない人である。

理想への執着、それは不幸を受け入れない姿である。

また、そういう人には価値観の歪《ゆが》みがある。健康な人は価値がある、病気がちな人は価値がないという歪んだ価値観である。

些細な病気を大げさに苦しむ人は「不幸を受け入れる」ことができない人である。

■過去から自由になるための苦しみ

もちろん病気でどのくらい苦しむかは、その人が小さい頃に病気になったときに周囲の人がどのような反応をしたかによって決まる。

病気もはじめから対人関係の中で「意味づけ」はされている。

病気になったときに親から嫌な顔をされた人と、嫌な顔をされなかった人といる。子どもがいつも元気でないと面白くない親がいる。ちょうど小さな子どもは母親がいつも元気でないと面白くないのと同じである。

小さい頃、病気になって親から不愉快な顔をされた子どもと、母親に優しく看病された子どもでは、病気の意味はまったく違う。

その人の病気の意味はその人の、そのときの人間関係の構造の中で決まってくる。嫌な顔をされた子どもは、大人になって病気になっても言い訳をする。自分の責任で病気になったのではないと周囲の人に言い訳をする。

自分はいろいろと健康に気を遣っていたけれども、たまたま会社で隣の席の人が風邪を引いてうつされたと言い訳をする。

そして病気を大げさに苦しむ。それは病気を苦しむことで周囲の人から責められることを避けようとしているのである。

だから病気になって情けなくなって落ち込んでしまう人、あるいはその病気に不釣り合いなほど苦しむ人は、まず「この病気は、今私が苦しんでいるほどすごいことではない」と認めるところから出発するしかない。

そして「私が今苦しんでいるのは、私の過去の社会的枠組みの中での病気である」と認識する。

そして「今の苦しみは、私の過去から私が自由になるために避けて通れない苦しみである」と認識する。

さらに「それぞれの人が背負った運命的課題を解決していくことが、その人の人生の意味である」ということを理解することである。苦しむことなしに人生の意味を感じることはあり得ない。

「無病息災」という言葉もあるが、同時に「一病息災」という言葉もある。一病息災がよい。一つ欠けていることで、健康のありがたみが分かるからである。

前歯が欠けたことで、奥歯のありがたみが分かる。「前歯があって噛める、ありがたい」、これが逆境に強い人の考え方である。「ああ、前歯が欠けてしまった、どうしよう」、これが逆境に弱い人の考え方である。

病気になってはじめて、健康のありがたみが分かる。健康なのに文句を言っていた自分を反省する。健康で会社に行けていたことの幸せを忘れて、仕事の文句を言っていたことに気がつく。そう気がつくのが逆境に強い人の心である。

風邪を引いた。他のかかってない病気を考えてありがたいと思う。これが逆境に強い人の考え方である。

病苦と病気は違う。

「アリストテレスは、ここで病苦と病気を明らかに区別している。病苦とはメランコリー状態のことであり、それが何から出て来たかは必ずしも明らかでない苦痛それ自体のことである」(19)

「この病《やまい》は自分に何を教えているのか」と考えるのが、逆境に強い人の考え方である。

それほどの大病ではないのに「つらい、つらい」と騒いでいる人は、「つらい」ということを言っているのではなく、愛を求めているのであろう。

病気を不釣り合いなほど騒ぐ人は、「私にもっと注目して!」「私の病気をもっと重要視して」と言っている。

■試練は幸福への扉である

同じガンになっても、それにどれだけ苦しむかは人によって違う。どれだけ不安になるかも人によって違う。

つまり、ガンが不安の原因ではない。その人のパーソナリティーが、不安の原因である。

それを「社会的証明の原理」と呼んでいる人もいる。それは「私たちは他人が何を正しいと考えているかにもとづいて物事を正しいかどうかを判断する[20]」と言うのである。

他人が「ガンは大変だ」と言うから、医師から「あなたはガンです」と言われると「大変なことになった」と思ってしまう。ガンが見つかって、「早く見つかってよかった」と思う人もいる。

身体《からだ》を開いてみたら、もう手の施しようがないという人もいる。そうなる前に見つかった人は、「ああ、早く見つかってよかった」と思う人もいるし、ガンだということですっかり不安になってしまう人もいる。
「ああ、早く見つかってよかった」と思う人が逆境に強い人である。

ガンだと言われて健康を害する人は多い。ガンだと言われる前と後では、健康状態が違う。ガンだと言われたことで健康を害する。

ガンだと言われても元気な人もいるし、元気を失う人もいる。ガンを前向きにとらえる人もいる。これをチャレンジと受けとる人と、大変なことになってしまったと怯《おび》える人といる。

この体験がなければ、分からないこともある。自分が成長するためには避けては通れないことだと解釈する人もいる。

成長は一生（lifelong）の課題である。どの段階でも人は成長する。それが逆境に強い人の考え方である。「人は一生を通して成長する」と考えるのが逆境に強い人の考え方である。

今ガンが見つかったから、今対処できる。しかし、今見つからなければ一年後にはもっと大変なことになっていた。

もちろん他の病気でも同じである。睡眠時無呼吸症候群になった人が、「これを経験したということで、いろいろな病への発言権も出てくる」と言った。

それまでは何を言っても、「お前はこの病気になっていないから、そんなことが言えるのだ」と言われたという。そこで今度はそう言われるという引け目がないと言っていた。

体験したからこそ、鍛えられるばかりでなく、自信が出てくる。自分はそれに堪えたということが自信につながる。

つまり、乗り越えたということが自信になる。大きな自信を持つためには、それらはどうしても乗り越えなければならない課題である。

試練から逃げた人は最後にのたうち回る。試練は歓迎すべきもの、幸福への扉である。

■経験から積極的な意味を見いだす

「病気なしに生きたい」というのは皆の願いである。しかし、それは神経症的要求である。つまり、非現実的な願いである。

中には、幸運にも「病気なしの人生」を生きられる人もいるが、多くの人は病気から逃れることはできない。

変えられることは変える努力をする。しかし、変えられないことは受け入れる。大病したら大病を受け入れる。じたばたしない。

人間として大きくなるためには、プラスもマイナスもさまざまな体験が必要である。プラスだけの体験という人生はない。それを要求するのは神経症的要求である。つまり、そんな願いは非現実的。大きく羽ばたくためには、つらい「この体験」というのが必要である。

経験から積極的な意味を見いだす。経験にはプラスの面とマイナスの面といろいろあるが、積極的な意味のほうを重視する。それが逆境に強い人、レジリエンスのある人の考え方である。[21]

長所と短所は同じコインの「表と裏」という。その裏を見るのが精神分析論であり、表を見るのが不屈力の強い人である。

どちらも必要である。私は今までどちらかというと精神分析論的立場で本を書いてきた。この本ではどちらかというとレジリエンスの立場で書いている。不屈力のある人のパーソナリティーを見習う立場で書いている。

ガンを宣告されて死を意識したときに、病院からの帰り道、雑草が美しく見えた。空が輝いていた。妻が女神に見えた。そう言った人がいる。

逆にすっかり落ち込んで、すべての人に憎しみを感じた。妻を殺したいと思った。そう言った人がいる。同じ言葉がまったく違って受けとられる。

「不幸を受け入れる」という言葉と同じ意味の言葉はたくさんある。たとえば、「急がば回れ」である。

病気をして手術をしたら肉体の回復は遅い。働く世代でガンになって手術をする人は多いが、体力はなかなか回復しない。

そんなときについつい焦って仕事を始めてしまう。焦ってゆっくりと休養をとれない。

大病したときにはもう神さまに任せて、回復を待つしかない。焦れば焦るほど結果は悪い。だが、焦ってはいけないと分かっていても焦る。

手術をしたら体力は「なかなか回復しないもの」という不幸を受け入れれば、受け入れない人に比べて苦しみは半減する。

「二兎を追う者は一兎をも得ず」。もちろん諺だから逆の意味のものもある。たとえば「一石二鳥」である。

しかし、一石二鳥のようなことは単なる偶然や幸運であって、生き方の知恵にはならない。生き方の知恵になるのは「二兎を追う者は一兎をも得ず」のほうである。

■欲張りな態度は人を弱くする

自分の体力で十分に人生を楽しめる。しかし「もっと、もっと」体力が欲しいと思う人がいる。

際限もなく強靭《きょうじん》な体力を望む。自分に対する非現実的な要求をする。これは「自分いじめ」である。非現実的な要求とは自分に対する神経症的要求である。

不幸を受け入れない人は、「ここまで自分には体力がある、ありがたい」とは思わない。「もっと体力があれば」と考える。

この欲張りな態度で不幸を受け入れない人が、いかに逆境に弱い人であるかが理解できるだろう。

手術をしている人から見れば、自分一人で歩けるなどということは夢のような話である。わずかな体力でも「ここまで自分には体力がある、ありがたい」、これが逆境に強い人の考え方である。

不幸を受け入れることができれば、間違いなく幸せになれる。「物事はそんなにうまくはいかない」と、不幸を受け入れている人は思っている。これも逆境に強い人の考え方である。

些細な体験を苦しみに結びつけているのは、その人自身である。

不幸を受け入れない人にとって、「要領が悪い」というのは「要領が悪い」というだけの話ではない。「なんで私はこんなに要領が悪いのだ、ああ、損をした、損をした」と、それが苦しみになる。

逆境に弱い人は、不幸を受け入れないパーソナリティーである。つまり逆境に弱い人は、幸せになれないパーソナリティーである。

たとえば風邪とか、過労とか、時差などで体調が悪い。そういうときには、とにかくそれらを受け入れる人がいる。自分の身体の調子を無理して理想の状態に持っていこうとしない。

誰でも体調が悪ければよく眠れない。そういうときには「眠れる時間だけ眠ればよい」と思う人がいる。

状況を無視して「よく眠ろう」とすることが「不幸を受け入れない」ということである。そういうときに熟睡しようなどと思うのは完全主義である。

よく眠ろうとすれば、よく眠れないことが苦しみになってくる。翌日は「ボーッとした体調」であることを受け入れることである。最高の体調に持っていこうとしない。それは無理であろう。

最高の体調に持っていこうとすることで、その「ボーッとした体調」が苦しみになる。最高の体調に持っていこうとすると、今の体調が悩みの種になる。

■「まあ、いいか」という気持ちを持つ

「不幸を受け入れる」ことは長寿の秘訣でもある。よく高齢者が長生きの秘訣を尋ねられると「不満を持たない」とか「怒りを持たない」と言うが、それはまさに不幸を受け入れるということである。

それは長寿ばかりではなく、幸せな気持ちでいられる秘訣の一つでもある。

前出のヒギンズの著作に、レジリエンスのある人について次のように書かれている。信じられないようなたくましい人々の苦闘の話である。

彼らは悲惨な過去を持っていた。重大な病気、貧困、慢性的な家族間の葛藤、両親間の暴力、両親の長い期間にわたる不在もあった。

半分以上の人は繰り返し肉体的・性的に虐待を受けていた。しかも彼らは一人でそれを耐えた。このような背景があるにもかかわらず、彼らは心理的に成熟し、健康であった。[22]

こんなことでたらめだ、こんなことを書く人はカルト集団の教祖だ、詐欺師だと思うかもしれない。そう確信しても無理もないと思う。精神分析論を勉強してきた私にしても、「これは無理でしょう」という気持ちになる。

ただ、それにもかかわらず、どうやらそういう人たちも実際にいるらしいというのが私の今の感想である。

ヒギンズは四〇人のレジリエンスのある人にインタビューをしている。四〇人について、一人ひとり四時間インタビューをした。全部で一六〇時間である。[23]

彼はその四〇人をどうして探してきたのか。彼は四〇人の回復力のある人に接するのに、ボストン地域で、経験豊富な三〇人以上の臨床医と接した。医師は皆、一〇年以上の集中的な臨床経験（intensive clinical experience）を持つ人たちである。

そして回復力とは次のように定義している。

成長への重要な挑戦を乗り越えることができる人である。(24)

こうした不屈力のあるパーソナリティーであるレジリエンスのある人に対して、逆に不安な人は不幸を受け入れることができない。

不安な人は安心を求める。そうすると、どうしても前に進むリスクを避けて今の完全を求めてしまう。

よく言う「まあ、いいか」という言葉が不幸を受け入れることである。

「まあ、いいか」というのは、いい加減でだらしない態度ではなく、柔軟性を表している言葉である。

■まず「自分に気がつく」ことである

さらに不幸を受け入れられない人は、コミュニケーションがうまくいかない。

だいたい不幸を受け入れられない人といると、こちら側が緊張して疲れる。たとえば心臓病になりやすいタイプAといわれるような人である。一時《いっとき》も休んでいられない人である。一緒にいて疲れる。不幸を受け入れている人といるとリラックスできる。

そして、人は自分の弱点を受け入れると生きる道が見えてくる。

「私は神経過敏だ」という不幸を受け入れるからこそ、「私は政治家にはならない」と思うようになる。

「私は鈍感だ」という不幸を受け入れるからこそ、「私は詩人にはならない」と思うようになる。

ところが体裁が悪くて、自分の弱点をどうしても受け入れられない人がいる。そういう人は努力するのだけれども、その結果、不幸になる。

せっかく頑張ったのに、体裁を繕って弱点を隠したことのツケが回ってくる。それが逆境に弱い人の不幸である。

だから不幸なんて、ほんのちょっとしたことが大きな結果を呼んでしまう。ちょっとした心の持ち方で幸せか、不幸せかが決まる。

ただ、意識の上の考え方ではほんのちょっとしたことだが、実は無意識ではそうではない。無意識の世界では深刻な問題を抱えている。だから逆境に弱い人はほんのちょっとしたことで不幸になる。

自分に対して非現実的な要求をするのは、実際の自分に現実感がないからである。すると「実際の自分」と「憧れの自分」の区別がつかなくなってしまう。いつも「こうなりたいなあ」と思っているうちに、「実際の自分」に現実感がなくなってくる。「実際の自分」に現実感がないから「実際の自分」を無視することは何でもない。「現実の自分」にできるはずもないことを始めてしまう。つまり「実際の自分」に現実感がなくなる原因は劣等感である。

他人と自分とがどういう関係であるのか分からなくなる。社会の中で自分の位置が分からなくなる。そういう人は自分が楽をして、良い人間関係をつくろうとする。虫がよい。

苦労しなければ良い人間関係はできない。それを承知しているのが逆境に強い人である。そして逆境に強い人は、良い人間関係を持っている。

不幸を受け入れていない人は、自分が不幸を受け入れていないということに気がついていない。

逆境に弱い人は、まず「自分は不幸を受け入れていない」ということに気がつくことである。

アメリカの心理学者シーベリーは「自分自身にかけられている否定的な暗示に気がつくことから、治療は始まるのです[25]」と述べている。

問題は、「気がついていない」ということである。気がついていれば対処の仕方も出てくる。戦う姿勢も出てくる。しかし気がついていないから何もしないし、何もできない。

かつて『ＥＱ』という本が大ベストセラーになった。その著者ダニエル・ゴールマンもＥＱに大切なのは「Self-awareness（自分に気がつくこと）」であると述べている。

無気力は悪くない。自分が無気力だと自覚していれば。そのときにはじめて立ち上がれる。

逆境に強い人になるためには、まず「自分に気がつく」ことである。

最後にもう一度言う。逆境に強い人は不幸を受け入れている。

だから生きるエネルギーがある。エネルギーがあるから、逆境に際して具体的に行動を起こす。

第2章

逆境に弱い人の心の深層

あなたは「心の逆境にピリオドを打てる」か

■なぜ逆境がそんなに問題なのか

社会的逆境といってもよいが、それと心の逆境とは違う。現実の逆境といっても、現実の逆境は目に見える。しかし、心の逆境は目に見えない。

私たちが本当に恐れなければならないのは、心の逆境である。避けなければならないのは心の逆境である。

心の逆境とは強迫的な名声を追求しているようなときである。嫌いなことを身体にむち打って頑張っている。

そして社会的には成功しているということがある。成功すればするほどつらくなっていく。それがデモステネス症候群である。それが成功者のうつ病である。

心の逆境は知恵を与えない。現実の逆境はそれを乗り越えれば知恵がつく。

社会的に挫折している逆境のときが、実は間違った人生の選択を正しているということがある。

後から自分の人生を振り返ったときに、あそこで社会的に挫折して逆境に陥ったからこそ、自分本来の道に戻れたということもある。

商売に向いているが学者に向いていない人が大学院に不合格になった。

これは社会的な逆境であるが、この逆境が「ここで間違った道に行くことを防いでくれた」ということもある。この社会的逆境で一生の幸せをつかんだということも多い。

そういう場合には社会的逆境が、その人を心の逆境から救ったのである。成功していたら心の逆境は果てもなく続いた。

社会的逆境のときはつらい。しかし一生を考えたら、この社会的逆境があったからこそ、最後に幸せになれたということがある。

■幸せになれない人の大きな間違い

「禍を転じて福となす」という格言がある。まず逆境は悪いことという固定観念を改めることである。幸せになるためには通らなければならない関所である。

逆境は幸せの障害になるもので、とにかく避けなければならないという心の姿勢が問題である。

逆境のない人生などないのだから、逆境を受け入れるという心の姿勢を持つことである。

心の逆境とは自分に適していないことをしているときである。無意識に自分を裏切って生きているときである。

無意識に自分を裏切って生きていても、社会的には成功していることがある。しかし、それは長くは続かない。どこかで挫折する。

たとえば燃え尽きる。燃え尽き症候群になるような人は長いこと心の逆境を生きてきた。つまり自分の適性に合わないことをして生きてきた。そして燃え尽きた。

しかし、ここで社会的に挫折したおかげで、自分の間違った選択を変えられる。

燃え尽き症候群は、アメリカの精神科医フロイデンバーガーによれば、間違った選択とがむしゃらな努力の結果である。ただ、こういう人は生まれてから、ずっと心は逆境であった。

その間違った選択を正してくれるのが、現実の逆境である。社会的逆境である。

現実の逆境が苦しいことには間違いない。しかし長い一生を考えたら、その逆境によってその人は救われたのである。

世の中には現実の逆境が心の逆境にピリオドを打ってくれたということも多い。現実の逆境が心の逆境にピリオドを打ってくれなかったのがエリートのうつ病や自殺である。

■古い心の壁を壊して、新しい心の壁をつくる

逆境とは脱皮である。逆境がなければ、より生きがいのある場所には行けない。成

長するために通らなければならない関所が逆境である。

それは火あぶりになるところかもしれない。しかし、そこを通らなければ幸せにはなれない。

社会的逆境はけっして自分の価値を剥奪《はくだつ》するものではない。それはその人が一回り大きな人間に成長する学校である。

つまり人は逆境で視野が広くなる。人は逆境で鍛えられて、人間への理解力が生まれてくる。逆境の中でより幸せに生きていけるだけの価値ある人間に成長する。

逆境のない人生は日照りが続いて大地がひび割れを起こしているようなものである。人は逆境があるから最後に幸せになれる。逆境があるから人の痛みが分かる人間になれる。病気になるから健康のありがたさが分かる。

若い頃には恋愛も失恋もあってよい。人はそうして成長していくことができる。成長するということは一つひとつ心理的に脱皮していくことである。

変化が怖いということは、脱皮が怖いということである。古い心の壁を壊して、新しい心の壁をつくるのが怖い。古い心の壁が成長の前に立ちはだかっている。

とにかく、逆境があるから人生は豊かになる。逆境のときには「こうして神さまは私を心豊かにしてくれる」と考えればいい。

ミミズがいないと豊かな土ができない。人間もすごく苦労をしないと豊かな心にはならない。アリがいないと昆虫の死骸《しがい》が溢《あふ》れる。アリは単細胞。でも必要なもの。世の中、無駄はない。人間は昆虫から学ぶ。

私は『成功の心理学』という本を訳したが、その中に次のようなことが書いてあった。

ニューギニアとオーストラリアの間に、グレート・バリア・リーフという大きなサンゴ礁が横たわっている。このサンゴ礁の内側は穏やかな海。外側は荒い海。

そして内側のサンゴは生存競争がないから急速に死んでいくが、荒い波に洗われているサンゴは海と死闘を繰り返し、成長し、繁殖し、かがやくような美しさになる。[26]

そしてこれは地球上のすべての生命にあてはまるという。ストレスや苦難と闘ってこそ、大きく成長すると著者は主張する。

道楽息子とか、放蕩《ほうとう》息子という言葉があるように、人がまともに成長するのには、どうしても困難が必要である。

■欠乏動機が勝つか、成長動機が勝つか

逆境の今、それをどう考えたらよいのか。

逆境になったときに「まさか、自分がこうなるとは」と思っていなかったと嘆くかもしれない。しかし、逆境は「自分はどういう人間か」を教えてくれる。

逆境がなぜつらいのか。評価されたいという気持ちが今の逆境をさらにつらくしているのか。

失敗がつらいのではない。評価されたいという気持ちが失敗をつらくする。

現実がつらいのではない。その人の気持ちが現実をつらくしている。

対象への関心が勝つか、評価されたいという欲求が勝つか、生きるつらさはそこで決まる。

欠乏動機で動いている人は好きなものがない。成長動機で動いている人は好きなものがある。「この子のために」頑張るという頑張りがある。欠乏動機の場合には自分が評価されるために頑張る。

逆境でなぜ落ち込むのか。落ち込むのは、「もっと、もっと」と欲張るからである。そして、そうならないから落ち込んでいる。

逆境に際しては、自分の悩みの本質を見抜けなければ立ち上がれない。原因がはっきり分かると少し元気が出てくる。

■願望ばかりで行動しない人

私の祖母が末の息子に残した言葉がある。その息子はできの悪い息子であった。祖母が残した言葉は「男子実行を重んず」である。それは対処能力のことであろう。祖母の時代だから、男子と言っているだけで、これは女性にも通じる。実行力、行動力、それが対処能力である。

逆境に弱い人は言い訳ばかりで動かない。逆境になって急に実行力が出るわけではない。日頃から「実行を重んず」という姿勢が必要である。

逆境に弱い人は、現実と接していない。想像と願望と合理化だけの世界で生きている。現実と接していないで想像ばかりしている。そして「こうであったらいいな」という願望ばかりで実行しない。

起きたことに対しては直面しない。イソップ物語のキツネの話のように「あのブドウは酸っぱいから欲しくない」と自分の生きる姿勢を合理化する。

逆境に強い人は、実行力、行動力で逆境に有効に対処する。自分のエネルギーを有効に活用する。悩んでいるエネルギーを逆境を乗り越えるエネルギーに変える。

お金の使い方一つにしても逆境に強い人は、少ないお金を有効に使う。逆境に弱い人は、お金を無駄に使う。使っても人とのつながりができない。自分の虚勢を張るような使い方をして、人との心のふれあいには使わない。

逆境に強い人は経験からも自然からも、接するものすべてから学ぶ。「反面教師」という言葉もある。「人の振り見て我が振り直せ」ともいう。

逆境に強い人は、何をしても、ここから自分は何を学べるかを考える。さらに自分はなぜこの逆境に陥ったのかを考える。

無益はノイローゼの特徴という。逆境に弱い人は、ここから何を学べるかを考えないで、人に自分を良く見せようとして、無駄な努力をする。

■結果ではなく過程に目を向ける

逆境に弱い人は逆境を乗り越える力がないのではなく、逆境を乗り越える自信がないのである。さらに言えば、自分に対する自信がない。

逆境に対処しないで逃げていると、結果が良くても心理的には自信を失う。いよいよ自分が自分にとって頼りなくなる。

起きたことに「対処するのか、しないのか」という態度が自信と関連する。逆境に対処していれば、失敗しても自信がつく。逆境から逃げようとしたか、立ち向かったかということと自信は相関する。

たとえば会社を興して失敗して、借金をつくって逃げてしまう。対処能力なし。これでいよいよ自信を失う。

分かれ道はいくつもある。現実から目を背けるか、現実に立ち向かうかが、天国と地獄の分かれ道である。

うつ病者の特徴は、対処能力がないことである。うつ病になるような人は、成功するとすぐに有頂天になる。失敗するとたんに絶望する。

要するに逆境に強い人は自分に自信があるということである。自分を信じることができるということである。

もし自分を信じられないというなら、今から自分を信じられるように生き始めればよい。

生まれたときから逆境に強い人はいない。逆境に強い人として生まれてくる人はいない。「自分は逆境に弱い」と思ったら、その今が逆境に強い人へのスタートである。

今日することが明日につながる。逆境に強い人になるという結果の前には、逆境に強い人になる過程がある。

私たちは他人を見るときには結果だけを見がちである。

逆境に強い人を見るときも、逆境に強い人という結果だけを見てしまう。そして、その人が逆境に強い人になるまでに歩いてきた長い道のりを無視する。

誰でも逆境に強い人になれるが、それは誰にとっても茨《いばら》の道である。少しずつ段階を踏んで逆境に強い人になっていくのである。

だから努力をしない人が、相手の努力の過程に注意を払わず、自分の過程に注意を払わなければ、逆境で不満になるのは当たり前である。

結果ではなく過程に目を向ければ、「自分にはできない」という苦しみからも解放されるし、自信もつく。

いつか、生きるならこの道を生きていかなければという道が見つかる。そう思うまで視野を広げるしかない。

解決すべきことから逃げてはいけない

■不運になる人はそうなるように行動している

日本ではまだ訳されていないが、『Thirteen Tips on Luck（幸運をつかむ一三のヒント）』という古いアメリカの本がある。[27]

著者はたくさんの幸運な人を知っている。著者はその幸運と言われる人を調べるために生涯を費やしたという。そして偶然の運で成功した人はいないという。

要するに幸運と思われるのは、外からそう見えるのであって、調べてみればそれは努力のたまものだというのである。

私は、幸運な星のもとに生まれる人と不運な星のもとに生まれる人といると思うが、端から「ラッキー！」と言われる人には、それなりの努力があるという主張にも賛成である。

どのような運命に生まれても逆境のときはある。つまり逆境から立ち上がり幸運をつかむ人には、それなりの背景がある。

したがって多くの場合、自然災害のようなことを除いて、幸運も不運も突然襲ってくるものではない。

多くの場合、不運になる人には不運になる理由がきちんとある。逆境に陥る人には逆境に陥る理由がきちんとあることが多い。

オーストリアの精神科医ベラン・ウルフは「悩みは昨日の出来事ではない」と言っているが、それにならって言えば「運も、不運も昨日今日の出来事ではない」。それらは今日までの生き方の結果である。

だから「今、自分は不運だ」と思う人は、今日から生き方を改めることが開運の方法である。つまり一日一日をきちんと生きる。

今、逆境にある人は、一〇年前に逆境になるように行動している。

今、人を傷つけると、勝ったと思うが、人から恨みを買っている。あとで「ツケ」が回ってくる。復讐される。

復讐されれば、今度はこちらが憎しみを持つ。憎しみを心に持てば、あとで自分が苦しむ。

不運にならないためには、自分の心に憎しみを残さないことだ。

■なぜ誠実な人とつき合えないのか

運の良い人や逆境に強い人は良い人間関係を持っている。誠実な人とつき合っている。優しい人が周りにいる。

運の悪い人や逆境に弱い人は、悪い人間関係を持っている。不誠実な人とつき合っている。一時優しくても、その人が困ったときには助けてくれない。逆境からなかなか立ち上がれない人は、そんな人ばかりが周りにいる。

その人が病気になったときに、お金を使ってくれる人。それが本当にいい人である。

今までの生き方が間違っているときには、どうしても運の悪い人になる。そして悩む。「今の、この苦しみを救ってくれ」と言っても、もう遅い。周りには助けてくれる人がいない。

そもそも悩んだときには、誠実な人とはつき合いたくない。誠実な人は悩みを解決することを考えて、相手に「こうしたら」という具体的な提案をするからである。

それは、たいてい生きることに疲れた人にはきつい言葉である。解決するということは現実に直面することである。だから誠実な人から出てくる言葉は、悩んでいる人にとって嫌なことばかりである。

そこで口先だけの不誠実な人がつき合いやすい人になる。逆境のときには、誠実な人はつき合いたくない人になり、不誠実な人がつき合いやすい人になる。

今、この苦しい自分を助けてくれる人を「いい人」だと思ってしまう。さらに、その不誠実な人に「いい人」だと思ってもらおうとして努力する。

そして愚かなことに自分の力を見せびらかす。見せびらかしても何のためにもならないのに、その不誠実な人に対して「いい人」を演じる。

しかし、「つらいわねー」という単なる同情の言葉は、幸運を運んでこない。逆境を解決しない。「まあ、大変」と言われたって、それで終わってしまう。「まあ、大変」と言われると、そのときには気持ちが良い。でも今の逆境の解決にはならない。

そして力を失って死んでいくときには、「まあ、大変」ではすまされない。

■魔法の杖は求めない

逆境になると、つらいからどうしても「魔法の杖」を求める。

そこで「今、この苦しい自分が、苦しまないですむように助けてくれる人」を求めてしまう。カルト集団の教祖のような人を求めてしまう。何もしない自分を救ってくれる人を求めてしまう。

そんな人はいるはずがない。そこで、さらにひどい状況に陥る。

それはサラ金を考えれば分かる。最初はまだいい。次にはもっとひどい街金といわれる業者に救いを求める。最後は闇金にまで行く。そこで確実に地獄に行く。

生きることがつらいときに気に入った人物は、要注意人物である。人あたりのいい人には注意したほうがいい。一見きれいなお茶碗、でも雑巾で拭いているかもしれない。

逆境に強い人の特徴として、ヒギンズは問題に対する前向きの姿勢、積極的な姿勢、能動的な姿勢、不屈の姿勢を挙げている。逆境に強い人の特徴は、問題に対するプロアクティブ（proactive）な傾向だという。(28)

つまり逆境に強い人は「魔法の杖を」求めないということであろう。

プロアクティブな人は「魔法の杖を」求めない。「今、私はどう対処するか？」、それを考える。

逆境に弱い人は、文句を言うことが主題で、解決する意志がない。

経済的逆境ばかりでなく、心の逆境の場合も同じである。うつ病や不眠症になったときに、「今、この苦しい自分が苦しまないで、自分を助けてくれる人」を求めてしまう。それも同じことである。

「自分はなぜ自律神経失調症になって不眠症になってしまったのか」と、自分の今までの生き方を反省することが第一である。それが心の多重債務に陥るのを避ける方法である。

■「この人、私のためにリスクを負っているかな」

逆境に強い人は「運は自分でつかむ」という心の姿勢がある。

逆境に弱い人は人から運をもらおうとする。何もしないで幸運を待っている。

だが人から運をもらおうとすると、相手が見えなくなる。つまり自分に都合の良いことを言う人に、楽だからすがってしまう。そして最後に痛い目に遭う。

運を自分でつかもうとする人は、相手を見る。そして相手が見える。

逆境に強い人は、相手は単なる優しいことを言う人か、本当に優しい人かを見分けられる。だから逆境を抜け出せる。

運を自分でつかもうとする人は、相手は誠実な人なのか、それとも騙す人なのかを見分ける。

単なる優しいことを言う人か、本当に優しい人かを見分けるポイントは、「この人、私のためにリスクを負っているかな」と考えることである。こう考える人が逆境に強い人である。

逆境に弱い人は、今解決すべきことがあるのに、それから逃げている。だから逆境に弱い人は運の悪い人になる。

さらにその不誠実な人に嫌われまいとしてエネルギーを使ってしまう。

逆境に弱い人は、困った自分を助けてくれない人、とんでもない質の悪い人に認めてもらおうとする。その質の悪い人にさらに認めてもらうためにエネルギーを使う。逆境から立ち直るために生きるエネルギーを使わない。

塩辛い料理の好きな恋人に、塩分の強い料理を作る女性がいる。嫌われたくないから、嫌なことは言わない、嫌なことをしない。こういう女性が、逆境に弱い女性。そして、こういう女性を好きになるのが、逆境に弱い男性。

相手の健康を考えて塩分控えめな料理を作る女性が、逆境に強い女性。こういう女性と人間関係をつくれるのが、逆境に強い男性である。

■自分を見せびらかす人は自滅する

逆境に弱い人、不幸になる人は、逆境のときもそうでないときも自分の力を見せびらかす。見せびらかしても何のためにもならないのに、質の悪い人に「素晴らしい人」を演じる。

そういう人に自分を見せびらかそうとエネルギーを使う。現実から逃げている姿が、人に見せるための生活である。

友だちを見分けられない人は滅びる。とにかく逆境に弱い人は現実と向き合っていない。だから逆境から抜け出せない。

逆境になって文句や悪口ばかり言っている人からは運は逃げていく。「笑う門《かど》には福来《きた》る」のであって、福が来るから笑うのではない。

自分から運を寄せつけないでおいて、運が悪いと嘆いている人は多い。「あーすればよかった、こうすればよかった」と嘆いているうちに、時は過ぎていく。

そして年老いてから不幸になる。世間を見返そうと思っているうちに、いつしか人生が終わる。

運・不運は、「誰にいい人と思ってもらうか」で決まるところがある。だから誰に自分を見せびらかしているかを見れば、その人がどういう人かが分かる。

質の悪い人に「いい人と思ってもらう」ということは、「カモ」と思われるということである。それを逆境に強い人は知っている。だから逆境に強い人は、逆境から抜け出せる。

これもきわめて重要なことであるが、逆境に強い人の特徴は「人を見る」姿勢があることである。

逆境に弱い人は質の悪い人に自分を見せびらかす。そういう人は不幸になる。

逆境から抜け出せない人は、困ったときに自分を助けてくれない人にいい顔をする。とんでもない人に好かれようとエネルギーを使っている。

カルト集団は極端な例であるが、逆境に弱い人が関わっていく人は、本質的には同じである。

困ったときに助けてくれない世の中の人に向かって、ブランドの服装を着て、見栄を張った生活をする。それにしても流行を追ってブランドものを身につけている人のなんと個性のないことか。そういう人が逆境に陥ったときに、逆境に弱い人になる。

私は自分の世界観の中だけで生きていた、周囲の人が見えてなかった、そう分かったときが、逆境に弱い人から逆境に強い人に生きる方向が変わったときである。

「自分は不誠実な人の中にいた」と気がつくだけで、もう春はそこまで来ている。

周囲の世界が見えたときには、今の自分のままで皆が認めてくれるということが分かった。そう思えたときが、逆境に弱い人から逆境に強い人に生きる方向が変わったときである。

「愛されるためにはどうしたらいいか?」

理屈は簡単なこと。自分を愛してくれる人を自分のほうから排除しなければいい。

それだけで人は愛される。

執着が強い人は、逆境に負ける

■人を見分ける力があるか

逆境に強い人は良い人間関係を持っている。あるいは良い人間関係をつくっていく努力をしている。これが逆境に強い人のきわめて重要な特徴である。

逆境に強い人は自分の意思で他人と円満にしようとする。だから良い人間関係ができる。

逆境に弱い人は、相手から「いい人」と思ってもらいたくて円満にしようとする。だから良い人間関係ができない。

逆境に弱い人は今解決すべき問題から逃げて、他人に見せるための生活をしている。

逆境に強い人にはそれがない。

見栄のブランドの服装で「まあ、素晴らしい」と言われたって、それで終わってしまう。何の解決にもなっていない。そして力を失って死んでいくときには、「まあ、素晴らしい」ですまされない。

現実から逃げていれば、そこが沼地の泥水でも自分はきれいな水のプールで泳いでいるつもりになれる。でも、溺れかかって、最後にそこが沼地だと分かる。

逆境のときに、人は「つらいわねえ」と言うかもしれないが、単なる優しいだけの言葉は、逆境を解決する力にはならない。幸運を運んではこない。

単なる優しいことを言う人は、窮地に陥った自分を焚きつけて、もっと間違った道に連れていく人かもしれない。カルト集団の誘いに応じて地獄に行く人を見れば、このことは理解できるであろう。

淋しいときに、つき合う人を間違えて運が逃げていく。淋しい人、心のふれあいのない人は、誘われることの意味を間違えている。

劣等感の深刻な人などは、誘われるとすぐにいい気持ちになってしまう。誘われているのか、騙されているのか、どちらであるのかの見分けがつかない、分からない。誘われていることと認められることとは違う。向こうから来る人には、ろくな人はいない。オレオレ詐欺を見るまでもなく、それは分かるであろう。

劣等感のある人とか淋しい人は、いつも認められたい。認められると嬉しい。そこで誘われることを間違えている。誘われることと、認められることとは違う。逆境に弱い人は、誘われているのか、認められているのかが分からない。

もう一度言う。逆境に強い人は人間関係をつくるのがうまい。ヒギンズもそれを強調する。それが逆境に強い人の大きな特徴である。

逆境に強い人は、自分が逆境の中でもきちんと人を見ていることだ。

誰でも逆境に陥る以上、逆境に強い人というのは、「逆境の中で行動を間違えない人」ということである。そのポイントの一つが誠実な人と、誠実でない人を見分ける姿勢である。

逆境の中で「日々の自分のこの苦しさは何だろう?」、そう考えてみることだ。

それは自分の周りにいる人と信じあえていないからではないか。気持ちがふれあっていないからではないか。蛇を蛇と見ていないからではないか。

■淋しさに負けてはいけない

質の悪い人は、相手に恐怖心とか不安感を与えながら、自分の位置を保っている。「大変なことになりますよ」と言って、相手を不安に陥れて騙す。

逆境に弱い人へ贈る言葉、それは「淋しさに負けるな」である。

ずるい人は、相手に恐怖心とか不安感を持ってきて、自分の位置を保っている。つまり相手が自分にしがみつかなければならないようにしている。カルト集団の常套《じょうとう》手段である。

ずるい人は、逆境にある人を煽《おだ》てたり、怖がらせたり、不安にしたりすることで操作して、その人から甘い汁を吸う。「人が首をつるところでお金が儲かる」と言うのである。

淋しいときに、運が逃げていく。もう一度言う。「淋しさに負けるな」、それが開運の方法である。それが逆境を乗り越える方法である。

逆境に弱い人は、どの仕事も必ず終わりが来るということに気がつかないでいる。どんな役職も必ず終わりが来る。それなのに役職に執着する。執着すると不安を引っ張ってくる。何かに執着していると運が来ない。だから逆境に強い人は執着しない。「これしかない」と思うから、それに執着する。実際にはそれ以外にもたくさん生きる道はある。

過去に囚われて、未来を失うな！　立ち上がりたければ捨てることである。死ぬときに何を残すか。

逆境に弱い人がしがみついているものがある。それがなくなったら生きていられないように大切にしているものである。しかし、実はそのようなものはなくなったほうが幸せになれる。

逆境に弱い人がしがみついているものがある。たいてい失うことで幸せになれるようなものである。

それにしがみついているかぎり幸せにはなれないものにしがみつく。自分を不幸にするものにしがみついている。

■自分を不幸にするものにしがみつかない

人には縁というものがある。人は、しがらみの中で死んでいく。良いしがらみの中で死んでいける人が幸せな人である。

逆境に強い人は、良い縁を大切にして生きている。これも大切なポイントである。どんなに偉い社長でも、いつかは社長でなくなるときがくる。そのときに周囲の人がその人にどういう態度をとるか、ということである。

永遠に社長でいられる人はいない。死なない大臣もいない。逆境に弱い人は、そこを勘違いする。

さらに重要なことは、過去の栄光に執着する人は逆境に弱い人である。栄光を失ったときに前を向いて歩けない。

「オレは、総理大臣だったのだ！」と言っても、総理大臣でなくなったときにはもう誰も助けてくれない。

「私にメリットがない」と思ったときには、ずるい人はその人を助けない。総理大臣を助けるのは、それにメリットがあったからだ。だから皆はその人に尽くした。

最後に運が悪くなる人は、どの仕事もどのポストも必ず終わりが来るということに気がつかないでいる人である。社長であろうと、大臣であろうと、どんな役職も必ず終わりが来る。そのときに、「オレは、あの○○だ！」と言っても誰も助けてくれない。

ずるい人は「私にメリットがない」ときには、助けない。それなのに人々は今の役職に執着する。執着すると不安を引っ張ってくる。何かに執着していると運が来ない。逆境から抜け出せない。

「こちらに力があるときに、向こうから来る人には、ろくな人はいない」。こちらが歳をとって、病気になったときに、お金を使ってくれる人。それが質の良い人である。

そこが分かっている人と分かっていない人が、逆境に強い人と逆境に弱い人の違いである。

何度も言うように逆境に強い人は、長い時間的枠組みの中で自分の体験を考える。だから逆境は逆境でない。逆に順風満帆のときにもいい気にならない。それに終わりがあることを知っているから。

■親しい人間関係がない人は脆い

先に「逆境に強い人は人間関係をつくるのがうまい」と書いた。逆境の中で不屈力のある子どもは人間関係を広げる。有能な子どもは仲間との間に親しい関係を築ける。(29)恵まれない環境で成長した子どもは自惚《うぬぼ》れていない。日々経験を積み重ねる。自信は困難を乗り越えた自分の力から生まれる。自惚れている人には体験・経験がない。

この傾向は、厳しい環境の中で良い意味で自分の力で自分を守ろうとする姿勢が生まれ、その結果、人を見分ける能力が発達したのではないだろうか。

逆境に弱い人は、魔法の杖を求めるから、人を見分ける目が養われない。親しい人間関係をつくる能力がない。魔法の杖を求めるからカルト集団に引っかかる。

逆境に弱い人は誘拐犯に引っかかってしまう子どもに似ている。「いいものあげる」と犯人は言う。一瞬喜ぶ。「おじちゃんがいいとこ連れてってあげる、飴あげるから」。

誘拐犯は子どもと喧嘩をしない。いつも子どもの喜ぶことしか言わない。

■楽な道を選ぶから、逆境に弱くなる

運の悪い人はとにかく人間関係を変えなければいけない。

逆境の中にいる人は、今は幸運の波に乗っていない。五〇歳を過ぎたらどんなに「冷たい」と思われてもいいから、不誠実な人との人間関係を切っていく。不誠実な人間関係を切っていくと運が来る。

それができるのが逆境に強い人である。それができないのが逆境に弱い人である。人間関係を変えるのはエネルギーがいる。

逆境に弱い人は、たとえ気に入らない人がいても、「あの人もいつか変わる」と思

っている。そう思うのは今の人間関係を変えないほうが心理的には楽だからである。とにかく逆境に弱い人は、楽なほうに楽なほうに行ってしまう。楽な道を選ぶから、逆境に弱い人になってしまう。今自分にいい人に、今自分に良くしてくれている人に、気を持っていってしまう。

人を騙す人とか、人を陥れる人は、なかなか変わらない。なぜなら、それは性格だから。逆境に弱い人は、その人たちもいつか変わるだろうと思うが、変わらないのである。

それは彼らが、人を騙すこと、利用することで甘い汁の味を知っているからである。人から搾取して生きてきた人、人を利用して生きてきた人は、そう簡単には変わらない。ただ年老いてから不幸になる。

とにかく自分は逆境に弱い人、運の悪い人だと思ったら、冷たいと思われてもいいから、今の人間関係を切っていくことである。

そういうようにして生きていると運が来る。いつか逆境から立ち直れる。こう考えるのが、逆境に強い人である。

逆境に弱い人は、こう考えないし、これができない。逆境に弱い人というのは、同時に逆境を招く人なのである。

生きることに疲れた人は、今楽になろうとして、屑をつかむ。質の悪い人に利用されてもっと生きることに疲れる。もっと生きるのがつらくなる。今楽になろうとする人は、現実から逃げている。

逆境に弱い人は、今までの自分の生き方を考えれば、今が楽なはずがないのに、今楽になろうとする。

今までの生き方を考えたら、今が楽なはずがないのに、便利な生活をしようとする、美味しいものを食べようとする、熟睡しようとする。それで寝る前に深酒をする。その結果、さらに眠れない人になる。

変化が怖い。人間関係の変化が怖いのは分かる。しかし乗り越えたときに、「変化は大切だな」と感じる。

変化がなければ先に行けない。逆境のときには波に乗っていない。

運は自分でつかむ。歴史を勉強する。そうすればそのことが分かる。

逆境に弱い人の周りにも純朴な人がたくさんいる。周りに不誠実な人だけがいっぱいいるわけではない。でも逆境に弱い人は、純粋な人よりも不誠実な人を選ぶ。

アリにはアリの対応をせよ。キツネにはキツネの対応をせよ。それを心がけないから騙される。

質の悪い人には、善良な市民の態度をとってはいけない。必ず騙される。騙されれば誰でも悔しい。しかし憎しみを心に持てば、あとで自分が苦しむことになる。

どうせこの世に生まれてきたなら、新しい人生を切り開いていこう。逆境を切り開こう。

今日を精一杯生きる人は成長できる

■自分を守れる人と守ってもらう人との違い

何度も言う。逆境に強い人は自分で自分を守ろうとする。だから相手が見える。逆境に強い人は相手が見える。

守ってもらおうとすると相手が見えない。守ってもらおうとするのは、逆境に弱い人の特徴である。

人を見るときには、「この人、リスクを負っているかな」と考えることである。

人間は誰でも生産性を持っている。誰でも力を持っている。逆境に強い人はそれを活かす。逆境に弱い人はそれを活かせない。

私が訳した『ブレイン・スタイル』という本がある。そこに経済的にも心理的にも恵まれない環境で成長しながらも、「有能な、自信に満ちた、心の優しい若者に育った」人たちの研究が紹介されている。

訳者の私自身が信じられないような話なのであるが、この研究は前出のヒギンズも紹介している。

それらの驚くような子どもたちの共通性は何か？

著者のマーレーン・ミラーが紹介している三つの類似性のうちの第一に挙げられているることは、「よちよち歩きの小児、そして幼児として、ポジティブな赤ちゃんたちは、自分たちの環境を管理するようになっていった。『特に才能はなかったが、この子たちは、持っている技能を効果的に使った[30]』」。

恵まれない環境で成長しながらも見事な若者になるという奇跡的なことが起きているのは、「持っている技能を効果的に使った」ことである。

このように人は誰でも力を持っている。問題はそれを使うか使わないかである。

逆境に強い人は、「持っている技能を効果的に使った」のである。逆境に弱い人は「持っている技能を効果的に」使わなかっただけである。

なぜ恵まれない子どもたちの中に「持っている技能を効果的に使った」子がいたのか。それは自分の力で自分を守ろうとしたからであろう。自分の力を防衛的ではなく、積極的に使ったのだろう。それが「効果的に」ということである。

■自分を大事に生きているか

元気なうちに冷たい人間を切ることだ。弱ったときには叩かれる。

不誠実な人との縁を切って、新しい人と接すれば、今までの相手の汚さが分かる。自分の汚さも分かる。

しがみつく人は弱い。でも、しがみついていながらも、その人を好きではない。そして多くの人は、その「しがらみ」の中で死んでいく。

逆境に弱い人は変化が怖い。自分を大事に生きていない。「今が楽ならばいい」という人は、自分を大事に生きていない。

「今が楽ならばいい」という人は、どんどん生きるのがつらくなる。

今逆境にいる人は、今までの生き方を考えれば今が楽なはずがないのに、今楽になろうとする。逆境の中で今楽になろうとして、さらに不運をつかむ。

今楽になろうとする人からは、誠実な人が逃げていく。

「誰がいい人か」を間違える。それが人生の悲劇。人はつい、今自分を傷つけない人を「いい人」と思ってしまう。

逆境に強い人は次のようなことに気がついている。

「今楽な人は、全部を甘んじて受け入れているから、楽なんだなあ」と。

今楽な人を見て妬《ねた》んだりしない。それは今楽な人は、過去にそれだけのことをしていると知っているからである。

人にはそれぞれの運命がある。今をきちんと生きていれば、今は逆境でもやがて必ず良くなる。

そして逆境の今と闘う。そして心に憎しみを残さない。

生きるということは、良いも悪いもさまざまな体験を受け入れることである。こう考えるのが逆境に強い人である。

レジリエンスのある人は、経験から積極的な意味を見いだすことによって、人生の重しをつくる。不安定な人生を安定させる。[31]

変化が怖いのは分かる。しかし逆境のときに変化を恐れては幸運は来ない。

今の困難を乗り越えたときに、「変化は大切だな」と感じるに違いない。変化がそれほど怖いものではないと気がついたときに、逆境は幸運に変わる。

運が良くなる人は、変化に際して最悪の事態を想像し、覚悟できる人である。覚悟するから気楽になれる。そして迷わないから力が発揮できる。

逆境に弱い人は覚悟ができない。だから力を発揮できない。

■今をきちんと生きる姿勢が必要

逆境の中で良い運を持ってくるためには、今、自分を楽にすることではない。今、自分を可愛がることではない。そういうことを考えてはいけない。

今つらくても、自分の抱えている問題を整理することが、明日の幸運を持ってくる。

逆境の中で今をきちんと生きていれば運は必ず良くなる。どんなにつらくても逆境は必ず切り開ける。

生きるということは、さまざまな体験を受け入れることである。生きるということは、同じ位置にいてはいけない。いつも被害者の立場に自分を置いていては逆境から立ち直れない。

逆境に弱い人は、逆境の中でつい今自分にとって楽な人に、今つらい自分を楽にしてくれる人に、気を持っていってしまう。

周りにいる優しい人に気が行かない。優しい人はその人に課題を解決させようとする。だからつらいことを言う。逆境に弱い人は、それが嫌だから避ける。そして歳をとってから惨《みじ》めになる。

現実から逃げ回る生き方は、最後に「ツケ」を払わされる。死ぬときには自分が何かしようと思っても、どうしようもない。幸運か不運かは、そのときに周囲に誰がいるかである。死に様は、生き様である。

最後にもう一つ、逆境の中で運命を切り開くには体力が要る。自分の不運を悩む前に、まず体力をつける。風邪を引くと心が萎《な》える。

そして逆境に強い人は食事を大切にする。うつ病になるような人は食欲が衰えてしまう。逆境に強い人は「楽しく食事をしましょう」というようなことを言える人である。逆境に弱い人にはその心の姿勢がない。

そして逆境に強い人は、自分が解決すべき課題を知っている。逃げていない。「まだ、これとこれとの問題は解決していない」と自分に言い聞かせる。

先に紹介した本には、恵まれない環境で成長しながらも心理的に健康な子どもたちは、「自分たちの環境を管理するようになっていった」と書いてある。自然と「これとこれとの問題は解決していない」と分かってくるだろう。

分かってもどうにも解決できないことはある。そういうときには、その問題を一晩考えても仕方ないから、引き出しに入れる。

そして翌朝起きたら、「今日を精一杯生きる」。とにかく今日一日を精一杯生きる。

今が人生！　その考え方が逆境に強い人の哲学である。

逆境に弱い人は日常生活がきちんとしていない。日常生活をきちんとできないということは、「今を生きる」ことができないからである。

今日一日を精一杯生きるにはどうしたらよいか。若い人は一〇年後の自分を考えたら、今どう行動すればいいかが分かる。それが開運の方法である。逆境に強い人である。

これが、繰り返し述べてきた「逆境に強い人は長い時間的枠組みの中で今の物事をとらえる」ということである。

今日から良いことをしなければ、この先も良いことはない。日々の積み重ねによって、自分の生きている環境に強靭な根を張れる。

そして逆境に強い人は最悪の事態を想像して迷わない。だから気楽になれる。リラックスしているから力が発揮できる。迷わなくなるし、悩まなくなる。

逆境に弱い人は最悪の事態を恐れて、最悪の事態を招いてしまう。

■幸運を待つな！ 自ら動け

「幸運がきたら席を譲れ」という格言がある。それはそれでよい。しかし、逆境に強い人の発想は次のようなものである。

自分の実力をこえた幸運が舞い込んだら、不運と思え。逆境に強い人は一〇〇の幸運が来たら五〇にしておく。そして、あとは寄付でも投資でもする。

逆境に弱い人は一〇〇の幸運が来たら一〇〇使う。そして五年してから「あんな使い方をして」と後悔する。

宝くじを当てると不幸になる。アメリカのABCニュースが一九九八年一月に「幸福の神秘」と題する特集番組を放映した。私には大変興味のある特集番組であった。

宝くじを当てた人をインタビューしているところが出てくる。ところが皆幸せにはなっていない。だいたいその顔が幸せな顔ではない。

そしてキャスターが宝くじを当てた人の調査で分かったこととして、次のように述べている。

「当たってから一年後には当たる前よりも幸せではない」

ある人は、当たったときはしばらく夢のようだったと言う。しかし奥さんと離婚し、次の奥さんとの結婚に大金をかけ、それも五年続かなかった。

ある人は感覚が麻痺したと言う。そして、その人も宝くじが当たってから二年後に離婚している。

では、なぜ宝くじが当たると、皆その後の人生が不幸になるのであろうか。これはきわめて幸せを考えるときに本質的な問題なのである。

宝くじを当てるということは意志の力ではできない。そこが不幸になる原因でもある。人はたまたま成功したからといって自信がつくものではない。

すでに述べたように、逆境に強い人はプロアクティブである。つまり自分から動く。自分で事を起こそうとする。逆境に強い人の特徴の一つは自分から動く、ただ幸運を待っていない。

事業を興した。失敗した。逆境に強い人は「失敗したから今の命があった」と考える。逆境に弱い人は「その時、その時の失敗」から何も学んでいない。

逆境に強い人の考え方を身につければ、逆境は切り開ける。信じるのだ。

幸せになる人は、ちょっとした勇気を持っている

■レジリエンスのある人は、自分を信じている人

回復力の研究者ヒギンズによると、逆境からの回復力は先天的なものだけではない。「回復力は多面的な現象であり、先天的なものとかつ後天的なものから影響を受ける。先天的なものであり、かつ後天的なものでもある」[32]。

そして回復力のある人とは次のように定義している。

「成長への重要な挑戦を乗り越えることができる人である」

つまり、自分が成長するにしたがって直面する重要な成長の仕事を完遂するために、つねに困難にかみつく。「かみつく」の元の英語はSnap buckである。[33]

これを信じられるのが逆境に強い人である。逆境から回復できると思わなければ、

回復はできない。

逆境に強い人になりたいのか、逆境に弱い人で人生を終わりたいのか。それは自分が決めるしかない。

先にヒギンズは四〇人のレジリエンスのある人にインタビューをしたことを紹介した。レジリエンスのある人としてヒギンズが選んだ四〇人の基準であるが、それは彼らには相互性があり、自分はもちろん相手に対しても関心があることである。そういう人間関係を築き、維持できるというものである。(34)

要するに、こういう人たちは依存心が克服できている。愛されること、してもらうことばかりでなく、自分もまた相手のために何かをする姿勢がある。この姿勢があればうつ病も治るのだが。

相手に対する関心があるということは、ナルシシストではないということである。自己執着が強くない。

「必要性が満たされないときに起きる、葛藤、失望、いつもの怒り、欲求不満に耐えられる。葛藤は積極的に乗り越えられる」[35]

逆境に強い人は逆境の中で、ただ嘆いているだけということはない。悩んでいる人のように解決の意志がないのではない。解決の意志がある。

毎日嘆いている、でも何も起こらない。これが分かっているのが逆境に強い人である。

■自分を価値ある存在と思えるか

ただ自分は逆境に弱いと思っている人が、いきなり「このようなレジリエンスのある人になりたい」と期待するのは無理な話である。逆境に弱い人がレジリエンスのある人になるには、時間がかかる。

だから疲れたら休む。先を急ぐな、人生に無駄なときはない。無理に頑張っても能率が下がるだけである。

無理をしなくても手に入るものがある。それは自分を知ることである。

大切な努力は「自分を知る努力」である。逆境に強い人になるためには、現実の自分に直面する努力をすればいい。「私はノイローゼでもいい」、そう思うことから出発する。

それと逆境に弱い人は、実は自己評価が低い。今までにものすごいことをしているのに、それに気がついていない。

恵まれない環境に生まれて、今日まで何とか生きてこられたということは、いろいろな問題を解決してきているということなのである。

しかし、そうして自分が成し遂げたことに気がついていないし、気がついていても評価していない。

自分を受け入れるということは、どのような自分であれ、その自分の価値を信じることである。

純粋に真面目に生きてきたから、逆境に弱い人には魅力がある。つらい人生を必死で生きてきた歴史が、やはり逆境に弱い人の後ろ姿に表れている。

逆境に弱い人は自分がどんなに素晴らしいか分かっていない。自分の素晴らしさに気がついていない。

逆境に弱い人は、結果ばかりにこだわる人である。過程を見れば自分は素晴らしいのだ。そこが分かれば逆境に弱い人から逆境に強い人になれる。

逆境に弱い人は、レジリエンスのある人から「こうやって生きる」ということをこれから学べばよい。

「この困難を乗り越えたい！　この困難の乗り越え方を教えてくれ！」、そういう態度でレジリエンスのある人に接すればよい。

■自分を認められるか否かが分岐点

すねて、ひがんで、虚勢を張っていて、大騒ぎしても愛は手に入らない。

そして少しだけ、「ふり」をやめてみよう。「ふり」をしても何も解決しないのだから。

たとえば、好きな「ふり」、嫌いな「ふり」、満足している「ふり」、愛している「ふり」。今日だけ、「ふり」をやめてみよう。そのままのほうが好かれる。

愚痴をこぼす前に、人を恨む前に、考え方を変えよう、生き方を変えてみよう。

少し頭を切り替えれば、少し工夫すれば、少し積極的になれば、そんなに心配しなくても生きられる。


ぼろを隠す人、それが逆境に弱い人である。

ぼろをぼろと見ない人。それが逆境に強い人である。

実は、逆境に強い人と逆境に弱い人との違いは、それほど大きなことではない。


ひどい親だったけれども、それでも生きていることに感謝する。これが逆境に強い人の考え方、生きる姿勢である。

ひどい親だった、許せない。これが逆境に弱い人の考え方、生きる姿勢である。

つらい人生だった、それでも人生に感謝する。これが逆境に強い人の考え方、生きる姿勢である。

つらい人生だった、死にたい。これが逆境に弱い人の考え方、生きる姿勢である。

自分がノイローゼだった。すると「私はノイローゼだ」と分かることは素晴らしいこと、と考える。これが逆境に強い人の考え方、生きる姿勢である。

「私はノイローゼだ」、そんなことはないと否定する。認めない。これが逆境に弱い人の考え方、生きる姿勢である。

もし自分が嘘つきなら嘘つきでいい。嘘つきを直せばいい。「私は嘘つきだ、卑怯《ひきょう》だ、だから駄目だ」と自己否定してしまったら、生まれてきた意味がない。これが逆境に強い人の考え方、生きる姿勢である。

「私は嘘つきだ、卑怯だ、だから駄目だ」と自己否定する。あるいは、それを認めない。これが逆境に弱い人の考え方、生きる姿勢である。

私は美人でない。美人でないことで劣等感を持つ人、これが逆境に弱い人の考え方、生きる姿勢である。

私は美人でないけど、いいところもあると明るく生きる人。これが逆境に強い人の考え方、生きる姿勢である。

逆境に強い人、それは、勝った人ではない。それは、負けたときに、負けたことを認められる人。

逆境に弱い人。それは、負けた人ではない。それは、負けたときに、負けたことを認められない人である。

人は失敗して嫌われるのではない、失敗した自分を受け入れないから嫌われるのである。逆境に強い人は愛される。

■人生は長丁場だと自分に言い聞かせる

レジリエンスのある人、つまり逆境に強い人は物事を被害者意識で受けとらない。交流分析でいう「ひどいもんだ交流」をしない。それは何か事あるたびに、自分を被害者や、悲劇の主人公に仕立てあげる。そういう交流の仕方である。

「自分は過酷な人間環境の中で鍛えられた、すごい」と、自分の過去の歴史を輝ける闘いの歴史として受けとる。

とくにそれは幼児期、少年少女期である。その時代の人間環境はその人にとってものすごい影響を持つ。その時代を耐え抜いてまともに生きている人は、「私は耐えた、この今の自分で十分」と考えてよい。

小さい頃に母なるものを持った母親を経験したこともなく、逆に肉体的・情緒的に虐待された。それにもかかわらず「私はこの程度の心理的な病で生きている、立派だ、この程度の心の病は当たり前のことだ」と逆境に強い人は思える。

小さい頃から過酷な人間環境で生きながら心理的に健康であったら、太陽は西から昇る。焼いた魚が踊りだす。電信柱に花が咲く。今の自分に多少心理的に問題があっても今で十分、「これでよい」。そう思って生きていけばよい。

小さい頃の歴史を「自分は過酷な人間環境の中で鍛えられた、すごい」と闘いの歴史として受けとるという原則は、大人になっても適用すべきことである。

ひどい会社に就職した。営業がきつい。地獄の○○といわれる会社に就職した。レジリエンスのある人は、「これでよい、私は十分鍛えられ、成長した、この会社でいろいろと学んだ」と受けとる。

著者と出版社の関係で考えてみよう。出版社が、「本は、その本の力で売れる、力のある本は営業などしなくても売れる」という考えだったとする。そして実際に何も営業努力をしない。

そういう出版社とつき合う著者を考える。これほど著者として鍛えられる出版社はない。あれは鍛えられてよかったと思う。それが逆境に強い人である。長い長い人生を考えたら、この出版社はその人にとって、その時期には悪いわけではない。

逆に、本は出版社の力で売れる。営業のこまめな書店回りや大きな新聞広告で売れる。もし著者が若い頃そう思ったらどうなるか。長い人生を考えたら、こんな恵まれた出版社とつき合っている著者は駄目になる。研鑽《けんさん》をしない。

人生は長丁場。このことを理解している人が、レジリエンスのある人であり、逆境に強い人である。

もう一度言う。人生は長丁場、一時しのぎで生き残れるほど人生は生やさしいものではない。そんなことは絶対にない。

順風満帆であることが幸運とは限らないし、「棚からぼた餅」が幸運とも限らない。

■他人の言動に左右されない

失敗したときに過剰な反応をする人がいる。失敗をものすごいことに考える。そして、それを自分の弱点と結びつけて解釈する。こういう人は逆境に弱い人である。逆境からなかなか立ち直れない。

中には異常反応する人もいる。褒められると急に猛烈にやる気になる。貶《けな》されると傷つく。ナルシシストなどがそれである。

ナルシシストはいつも褒めてもらいたい。そこで褒めてくれない言葉で傷つく。日常生活の会話で傷つく。

批判されると怒る人がいる。しかし何を批判と受けとるかは、受けとる人の問題である。受けとる人が批判と受けとれば批判になり、愛情と受けとれば愛情となる。

神経症的な人は自分について何か言われると、それを批判と受けとり、批判されると自分が愛されていないと受けとる。またナルシシストも同じである。批判でないことを批判と受けとり、傷つき、激怒する。

劣等感が深刻な人もたえず褒められていないと気持ちがもたない。褒められないことを批判されたと受けとる。

完全な個性と、真の自由を獲得すればするほど人は傷つかなくなる。

ヒギンズという回復力の研究者は、その論文[36]の中で回復する力を持っている人の特徴として、プロアクティブ（proactive）と言っている。

それは日本語に訳しにくいが、受け身ではなく自分から事を起こすというような内容である。

その回復力とここで書いているのは、元の言葉はレジリエンスである。レジリエンスのある人はプロアクティブであるという。リアクティブ（Reactive）ではない。

レジリエンスというのは不屈力のある人のパーソナリティーである。自発性、能動性が命。

プロアクティブな人でなくリアクティブな人は、他人の言動に心が左右されてしまう。逆境から回復する力がない人である。

批判されれば激怒する。激怒しないときには落ち込む。神経症的傾向の強い人やナルシシスト、深刻な劣等感のある人などは、得意になったり、落ち込んだりという心の揺れが激しい。

アドラーは生きるのに望ましくない性格として異常敏感性ということを挙げているし、マズローは同様のことを重心が他者にあると述べている。

また精神分析家カレン・ホルナイは神経症者にとって他者に認められることは生命的に重要であると述べている。

私は若い頃、他人の言動で心が揺れ動き苦しんでいた。あるとき「八風《はっぷう》吹けども動ぜず天辺《てんぺん》の月」という禅の言葉を知って、それを生きる目的にしていたときがあった。生きる目的としては間違っていなかったのだと思っている。

第3章

生きる
エネルギーの
使い方

困難を乗り切れる人のパーソナリティー

■変化を楽しめる人は危機に強い

「逆境に強いパーソナリティー」とはどういうものか。

ニューヨーク市立大学の心理学者スーザン・コバサが八年をかけて、ビジネス・エグゼクティヴの集団を対象に会社経営にともなう危機や混乱に直面したとき、彼らがどう対処するかを調べた。調査はシカゴ大学で行われた(37)。

アメリカも日本も同じことだが、好況のときもあれば、不況のときもある。会社経営が順調なときもあれば、順調でないときもある。しかし、順調であるかないかにかかわらず、いつも元気で健康的に乗り切っている経営者もいれば、それほど今が大変でもないのに元気を失ってしまう、あるいは悲鳴を上げる経営者もいる。

いったい、どういう経営者が会社の危機を元気で乗り越えることができたのか。単に乗り越えたのではなくて、「元気に」その危機を乗り越えたという人たちのパーソナリティーに、何か共通性があるのではないか。コバサは、その点に焦点を当てて調査した。

調査の結果、危機を元気に乗り切った経営者には、明らかに一定の特徴的なパーソナリティーが見られた。元気に乗り切った経営者というのは「こういうふうな発想をして、こういうふうな考え方をして、こう行動していた」ということである。

一番目の特徴は、困難にぶつかっても、それを「脅威」ではなく「やりがいのある仕事」とみなし、変化には気持ちの高揚とエネルギーをもって応えている。変化を恐れず、逆に変化が来たことで、自分自身を高揚させているのである。

近年、日本では「変化、変化」と、しきりに言われている。「変化の時代だ」「今までのやり方では駄目なんだ、変わらなければいけないんだ」とみんなで大合唱しているが、私は言い過ぎではないかと感じている。

なんで、そこまで「変化、変化」と言うのか。日本人がこれほどまでに「変化、変化」と大騒ぎするのは、変化が怖いからだろうと思う。

しかし、元気に危機を乗り越えた経営者は変化が喜びになっている。変化があったほうが面白い。ゲームをやるにしても、一〇〇回やって一〇〇回とも自分が勝つのでは面白くない。そんなゲームはやってもしょうがない。

失敗したり成功したり、うまくいったり、いかなかったりということがあるから面白い。「一〇〇回勝負をやって一〇〇回勝つようなのは、面白みがない」というように、変化を楽しむことができる。

変化の時代に高揚を感じる。そういう特徴が元気で危機を乗り切った経営者にはあるということが、このコバサの調査で分かった。

そして彼らは、何より変わるエネルギーを持っている。変化をするには、エネルギーがいる。子どもを見てほしい。赤ん坊のときから二歳、三歳と大きくなるにともない、どんどん変化していく。これは、ものすごい生命力、エネルギーがあるということである。

エネルギーがなければ変化できないし、エネルギーがなくなると変化が怖くなる。

うつ病になるような人は、不安だから今にしがみつく。だから変化に気持ちの高揚とエネルギーをもって応えるということができない。

それをやりがいのある仕事とみなせるのは、自信があるからである。今まで乗り越えてきた体験から来る自信である。

今までずるく立ち回ってこなかった。大変なことは人に押しつけて、自分は楽をしようとして生きてこなかった。人の犠牲で自分が楽をしようとして生きてこなかった。

つまり、つねに自分を磨くという姿勢があるから、「困難にぶつかっても、それを脅威ではなくやりがいのある仕事とみなす」ことができる。

これは何も仕事上のことについてばかり言えることではない。おそらく、すべての困難について言えることであろう。変化に怯える人は対処能力に自信がない。そこが原因である。今の変化に対処できる自信がない。そこで変化に怯える。

もちろん、いつも変化に怯えている人を非難するつもりはない。変化に対して脅威志向の強い人は、安心感のない人間環境の中で成長してきたからである。

脅威志向の強い人は、家庭という名の強制収容所で成長したようなものである。

■他人との心と心の結びつきがあるか

元気に危機を乗り越えた経営者の二番目の特徴は、仕事や地域、家族など、本人が「意味ある」と感じているものと深い関わりを持っているということである。

誰にでも仕事、地域、家族というものがあるが、ただ単に「ある」というのではなく、彼らはそれらと非常に深いつながりを感じている。

非常に深いつながりを感じているということは、その人たちが「生きている」ということである。心のふれあいが生きている意味である。

「家族には意味がある」と感じて、家族と心のふれあいを持っていれば、会社でストレスがあっても、そこが安らぎになる。会社でストレスがあり、それで家でも家族関係がうまくいっていなかったら、両方でストレスになり、心身共に参ってしまう。

恋人や友だちについても同じである。恋人や友だちについて「『意味がある』と感じて」、かつ「深い関わりを持って」いれば、恋人や友だちが心の安らぎになる。家族や友人や恋人と心がふれあっていない人たちは、孤独で無意味感に苦しんでいるだろう。困難を乗り切れる人は、他人とも親しくなれる、つまりコミュニケーション能力があるということである。

アメリカは日本と比べて離婚率がかなり高い。しかし、家族のつながりは日本と比較にならないほど深い。

はじめてアメリカに住み始めたときに、ある日本人が私に、アメリカの家族はもうめちゃくちゃで自分の祖父や祖母などに生まれてから一度も会っていない人は普通だと説明をした。若者は自分の祖父や祖母がどういう人かも知らないという。

これに類するようなことを言う「自称アメリカ通」の日本人に時々会う。しかし、アメリカに住んでいて感じるのは、これとは正反対の印象である。そこで調べてみると、どうも実態は私の印象のほうが正しいようである。

一九八九年のギャラップ調査に家族のことが載っている。たとえば、そこに出ている祖母や祖父との関係を見ると、次のようになっている。

通常、祖父や祖母にどのくらい会っているかという質問である。先の日本人の説明のように「会っていない」のは一％である。「毎日」という人が五％もいる。多いのは週に一回以上とか、月に一回以上とか、年に数回というものである。この順番でいうと、一八％、二一％、二四％である。

これを一九歳から二九歳という若者で見ると、二一％、二五％、二三％である。要するに七割くらいの人が祖父や祖母と頻繁《ひんぱん》に会っている。年に一回という人が一三％で、それ以下は一六％である。

アメリカの若者が両親や祖父母を大切にするということは日本のメディアの報道からは想像できないが、とにかくアメリカの若者は家族を大切にする。

実際に会うのではなく、電話で話すということもある。電話で祖母や祖父と話すのも、同じように頻繁である。先の頻度にしたがって数字を示すと、一九％、二五％、二〇％である。

さらに親戚の人との接触もわれわれが想像しているよりは頻繁である。「この一年に誕生日プレゼントを親戚の人にあげたか」という質問には、七七％の人があげていると答えている。

そして、どの調査においても「家族が大切だ」という答えが多い。アメリカ人がいかに家族を大切にしているかを二〇〇七年のギャラップ調査を見てみると、以下のとおりである。

家族の価値をどのくらい重要視して大統領候補に投票するかということについて、「極度に」が三六％で、「非常に重要視して」が三九％である。誰に投票するかというときに、「家族の価値を重んじない」などという人は七％である。共和党になれば「極度に」と「非常に重要視して」を合わせるとなんと八六％にもなる。

だから共和党も民主党も大統領候補者決定の党大会のときには、候補者は家族総出で舞台に上がる。そして国民に家族円満をアピールする。そのくらいアメリカでは家族が重要であると皆が思っているし、家族ということの価値を重んじている。

また、「これから何を大切にすべきか」という質問に対しても、真っ先に挙がるのは「家族」という答えである。ギャラップ調査などでは、「家族が大切」という回答は、どの年齢をとっても高い。

しかし、一方では離婚率も高い。それはなぜかということが、私も最初は理解できなかった。

以前、コンコルドというマサチューセッツ州の市の刑務所に、調査で入ったことがある。収容者に「あなたが一番大切にするものは何ですか」と聞くと、多くの人が「家族」と答えるのである。ところが、収容者の親は離婚している。

彼らが言う「家族」とは、今いる家族のことである。今いる家族というのは、たとえば、お母さんと自分と新しいお父さんである。「今いる家族が大切だ」ということである。

私は、日本には「別れたいけれど離婚しない」という夫婦が結構いると推測しているが、アメリカは別れたくなったら別れる。でも、それは「家族を大切に思っていない」ということではない。皆、家族を大切に思っているのである。

日本とアメリカでの変化に対する態度の違いを認識しないかぎり、アメリカ人の家族観は理解できない。

アメリカでは「仕事もどんどん辞める」とよく言われるが、辞めるのは不満足なときだ。今あるものには満足している。家族も同様である。今いる家族には満足している。

家族に関する調査をすると、日米間では、はるかにアメリカのほうが家族を大切に思っている。深いつながりを感じていることが分かる。

学校に関しても同じことが言える。「学校をやめたいですか」と高校生に聞くと、「やめたい」と答える高校生の数は、圧倒的に日本のほうが多い。しかし、実際に転校したり、やめる人の数は、アメリカのほうが多い。

「今いる地域を移りたいですか」という質問に対しても、「移りたい」と答える数は日本のほうが多いが、実際に地域を移った人を調べてみると、アメリカのほうが多い。

アメリカ人は仕事や地域、家族をつねに大切に思っているけれど、満足を感じなくなったら、新たな道を探すことに躊躇《ちゅうちょ》しないということである。

■自分をコントロールしているという自覚

元気に危機を乗り越えた経営者の三番目の特徴は、「自分がコントロールしている」という感覚を持っていることである。

正しい情報を持ち、決定的な違いを生み出す可能性のある決断を、自らが下す感覚である。これは、日本人には欠けている感覚だろう。われわれの場合には、みんなに推されて上に立つということが多いからかもしれない。

いずれにせよ、危機を乗り越えた経営者は「とにかく自分がコントロールするんだ」「人に操られるのではなくて、自分がコントロールするんだ」という感覚を持っている。

逆境に強い人は飾り物の社長ではなくて、本当に「自分がコントロールしている」という自覚を持って決断を下すことができる人である。

何か決断を下す際には、大変迷うものだ。それでも誰かに頼ることなく、自らの判断で決断していくことができるという特徴があったということである。

人目を気にして生きていては逆境に勝てない

■執着性格者は石橋を叩いても渡らない

危機を元気に乗り切った経営者の三つの特徴を、もう少し詳しく見ていこう。

特徴の一番目に挙げた「変化には、気持ちの高揚とエネルギーをもって応える」とは、「変化ということがむしろ好きだ」と言ってはちょっと語弊があるが、〝変化〟を〝脅威〟とはとらえていない。むしろ変化によって、気持ちがわき立つ。

変化だから、必ずしもうまくいくわけではない。うまくいくときもあれば、うまくいかないときもある。でも、その状態を面白いと感じることができる。

ところが、日本人に多い「執着性格」の人間は、変化に大変弱い。最近は、日本でも会社を移ることがごく普通になったが、二〇～三〇年前までは、いったん入った会社は辞めないで一生懸命に勤め上げるというのが普通だった。

これは「一度選んだ職業は、途中で投げ出してはいけない」という規範意識が強かったからである。現在ではその規範意識は多少薄れたとはいえ、諸外国、ことにアメリカなどに比べれば、まだ強いと思う。

「規範意識が強い」というと非常に肯定的に聞こえるが、別の視点から言うと、「変化に対応できない」「変わることが怖い」ということである。

日本人は、一度選んだ以上、最後までやり通すことに価値を感じていて、「やってみてうまくいかなければ、他の職業に変える」という柔軟性に欠ける。執着性格は素晴らしいけれども、場合によっては「柔軟性がない」という悪い部分が出てくる。

執着性格者は失敗を恐れるから、状況が変わっても同じことをする。前例に囚われているからである。そのほうが安心だから。いつもの生活を送っていれば、それほどエネルギーはいらないが、違った生活をするとなるとエネルギーがいる。

安心したいから人は変化を嫌う。だから、人は石橋を叩いても渡らない。「こうなったらどうするか」というような言い方で変化を拒否する。

日本人の保守性はうつ病と親和性のあるメランコリー親和型と考えたほうがいいだろう。変化が怖いのである。状況が変化するということは、自分が変わらなければならないから。

だから、会社の危機を乗り切った人というのは、言い方を換えれば「エネルギッシュな人だった」ということである。

執着性格者の場合、「仕事に対する欲求」と表裏一体をなしているのが、「はたして仕事がうまくいくかどうか」という不安感だといわれている。

すべてをやり直してゼロから出発するのは、大変なことである。危機を乗り切れる人というのは、これができる。いざとなったら、ゼロからやり直しがきく人である。

反対に、変化に対応するエネルギーがない人はやり直しがきかず、危機を元気に、平気で乗り越えることはできない。

これは、どんな職業にも言えることである。たとえば、ナシを作っている人で、台風が来て、ナシ畑が全滅した。これまで一生懸命作ってきたものが駄目になったときにゼロからやり直すことは、大変なエネルギーがいる。

エネルギーのない人は、他に生きる方法も見つけられず、うずくまってしまうしかない。これが、普通の執着性格者である。

私自身はどうかというと、うまくいかなかったときに修正するくらいのエネルギーはあると思うが、「まったく新しいことをやれ」と言われたら、やはりうずくまってしまうのではないかと思っている。危機を元気に乗り切った人には、そういうところがない。

■人生の柱は多いほどよい

二番目の「仕事や地域、家族などと深い関わりを持っている」という特徴だが、日本人のような執着性格者は、これとは反対に〝仕事一点張り〟である。仕事以外の願望が表面に出てこない。地域や家族などよりも、とにかく仕事である。

ところが、危機を元気に乗り切った人たちは、仕事ばかりではなくて、いろいろなことと関わりを持っている。

「社会的支援が十分でない人は、十分な人よりストレスを感じることが多い」という調査結果がある。[38]社会的支援というのは〝社会との関わり〟という意味である。

一九七九年、アメリカのスリーマイル島で原子力発電所の事故があり、炉心融解と放射能漏れの危険性が発生した。このときにアンドリュー・ボームという心理学者が、原発周辺の住民のストレス調査をした。住民の尿を採取し、尿の中にどれだけストレスホルモンが出ているかということを調べたのである。

その結果、同じ状況の中でも、ストレスの感じ方に大きな差があることが分かったという。もちろん、全員ストレスはあるのだろうが、社会との関わりが濃厚な人のほうが、ストレスが少なかった。ストレスホルモンの出方が少なかったのである。孤立している人は、ストレスを強く感じていたということである。

この結果から、社会的支援が身体に生理的な効果をもたらしているということが分かる。仕事一点張りで、その上、会社が危機に直面しているとなっては、どんなにストレスが強くなることだろうか。

「燃え尽き症候群」（バーンアウト）という概念を最初に提唱したハーバート・フロイ

デンバーガーも、「バーンアウトする人間は『柱』が少ないという特徴がある」と言っている。

つまり「仕事」があり、「自分の趣味」があり、それから、たとえば「家族」がある――というように複数の柱を持っている人は、バーンアウトはしない。一つの柱がなくなっても、まだ、ほかの柱がある。

しかし、バーンアウトした人を調べてみると、どうも「仕事」という一本の柱しか持っていない。その柱が危機に瀕すると、とたんにバーンアウトしてしまう。そんなケースが多いのだという。

フロイデンバーガーは「バーンアウトを防ぐためには、親しい人をつくることだ」と言っている。親しい人がいれば、もし仕事がうまくいかなかったとしても、それで自我の崩壊まではいかない。

■「私はこれをやりたい」と言えるか

三番目の特徴は「自分がコントロールしているという感覚を持っている」である。

誰かにやってもらっているのではなくて、自分がコントロールする。

一見、活発に活動しているように見えても、実は自らの意志で動いているのではない人がいる。

そういう人は「他人からどう見られるか」という恐怖感や不安感から動いている。他人が自分に期待することをするときにしか、エネルギーを出すことができない。

カレン・ホルナイは「神経症者は活発に見えるけれど、自分自身のエネルギーがない」と言っている。要するに「私はこれをやりたいんだ」「私は絶対にこれは嫌だ」とか、「私の生き方はこうなんだ」「私の意見はこうなんだ」「私はこういうふうにやっていきたいんだ」という、自分のためのエネルギーがない。人から賞賛してもらうため、人に見てもらうため、人から認めてもらうためのエネルギーしかない。

活発に動いているから、外から見ると、いかにもエネルギーがあるように見える。しかし、「私はこのことをやりたいんだ」という形で動いているのではなくて、「○○さんに認めてもらいたい」「○○さんに褒めてもらいたい」という、〝人々の賞賛が欲しい〟という動機で動いている。

だから、こういう人には「自分がコントロールしている」という感覚が出てくるはずがない。

先に挙げた「バーンアウトする人」というのはまさにこれで、エネルギーがあるようで、実はエネルギーがない。

バーンアウトする人は、ものすごく頑張って活動している。しかし、「私はこれをやりたい」ということではなく、「これをやったら認めてくれる」という〝人に認めてもらいたい〟という気持ちでしか動いていない。不安感で動いているだけである。

しかし、会社の危機に際して、元気に乗り越えた経営者は違う。自分がコントロールしている。

「人に見せるために何かをやる」、あるいは「人に褒めてもらいたいからやる」ということになると、どうしても「自分の限界を超えたことをやる」とか、「適性を踏み外したことをやる」ということが出てくる。しかし、危機を乗り越えた経営者は、人の目を気にすることなく、自分の能力や適性をきちんと判断して事を進めている。

「自分がコントロールしているという感覚」はどこから出てくるか。

自分の核はものすごく強いという確信があるから、この感覚を持てるのだろう。自分の核はものすごく強いという確信がなければ、「私はこの事態をコントロールできる」とは思えない。

もう一つ、この感覚を持つためには能動的でなければならない。受け身の姿勢で生きている人には、「自分がコントロールしているという感覚」はない。積極的に事態に立ち向かう心の姿勢があるからこそ、この感覚を持てる。

ある人物のデータである。一八三一年、彼は事業に失敗した。三二年、州議会議員に落選。三四年に当選したけれど、翌年に恋人が死亡、三六年には神経衰弱になった。三八年、議長選挙に負け、四〇年には大統領選挙人団の選にも漏れた。四三年、下院議員に落選。四六年に当選したと思ったら、四八年に再び落選。五〇年に上院議員選に出馬するも、落選。五六年、副大統領選挙に落選。五八年、上院議員に落選。六〇年、大統領に選出。

この人物は、失敗や落選を繰り返しながらも、最終的には大統領の地位にまで上りつめた。第一六代アメリカ合衆国大統領、エイブラハム・リンカーンである。[39]

これだけ落選が続いたら、普通の人は「もうやめた」と思うだろう。しかし、リンカーンには、やめる気などまったくなかった。

リンカーンがなぜ失敗に強いかというと、先に触れたことと一致しているところがあって、自分の本性にかなったことをしていたからである。

人を見ていないで、頂上を見ていた。人を見ていたら、こんなに落選が続いたら嫌になると思うが、リンカーンには「奴隷解放をする」という大きな目標があったから、落選などまったく気にかけなかったのである。

「私はこれをやりたいんだ」という意志があってやっているのだから、けっして諦めなかった。落選など、彼の意志に何の影響も与えなかった。

このように「私はこれをやりたい」と、自分で自分の人生をコントロールできる人は強い。

■自分の人生を他人に振り回されてはいないか

人に振り回される人は、逆境に弱い人である。

自分で自分の人生をコントロールできている人が、逆境に強い人である。つまり、逆境に強い人は自我の確立している人なのである。

逆境に強い人になりたいといって、すぐに逆境に強い人になれるわけではない。極端な例を挙げれば、幼児的依存心の強い大人は、自分で自分をコントロールできない。すぐにカーッとなって感情を爆発させたり、些細な失敗ですぐに気落ちしてしまったりする。

人に気に入られるために、無理をして演技しながら生きている人は、自分の人生を人に振り回されてしまう。人から嫌われないかと、周囲に対する警戒心で疲れ果てる。周囲の人たちに振り回され、小突き回され、自分を見失い、疲れ果てる。それが自分の人生を振り回されている人だ。つまり、そういう人が自分の人生を自分でコントロールできていない人である。

そういう人は心の支えがないから自分の感情をコントロールできない。また、周囲の出来事もコントロールできない。

コントロールできるということは、「捌《さば》いている」ということである。

たとえば、周囲の人に「自分の家を立派な家に見せたい」という気持ちがあったら、家の建物のトラブルは苦しい。家のトラブルが悩みの種になる。

その見栄がなければ、家のトラブルは乗り切れる。それが自分をコントロールしているということである。

家の玄関が壊れているところにお客さんが来ても平気だし、雨が降って玄関に傘立てがないところにお客さんが来ても平気である。それが自分をコントロールできているということだ。

それは何かに自分の気持ちが依存していないからできることである。お客さんに「こう思われると困る」とかいうように、自分の気持ちが他人の思惑に依存していない、お金や立派な家とかいうことに自分の気持ちが依存していない。

どう思われても痛くない、あわてふためいていない。これが心の支えがある人の心理状態である。それが自分の気持ちも、起きてくる出来事もコントロールできているということだ。

さらに逆境に強い人は自分の生活の範囲を、自分がコントロールできる以上に大きくしない人である。

フロイトと並ぶ精神分析の大家ユングの内向型、外向型の区別によるならば、外向的態度とは、態度の決定が主として客観的な事情によってなされることである。外側の事情に応じて自分の態度を決めていく。

ユングが挙げている例で言えば、どんどん注文があるからと次から次へと商売を広げていくタイプである。その結果、自分の能力を超えて事業を拡張してしまう。また、急に名声が上がった結果、やはり自分の能力を超えてエネルギー支出を求められる歌手が突然高い声が出なくなる場合がそうである。

ユングは、その結果生じてくる機能障害は補償という意味を持っているという。この結果により過ぎている傾向が是正されるということである。

そしてユングは外向型の人の被《こうむ》る神経症の圧倒的多数はヒステリーであると述べている。

私は外向型の人が日常的に苦しめられる神経症がヒステリー傾向であると思っている。それを通り越した場合に、昇進うつ病とか、燃え尽き症候群とかに陥るのではなかろうかと思っている。

そして、なぜそこまで外側の要求に応えて、内面の要求を無視してしまうかという点を考えなければならない。外向型の人というだけではその説明は無理だろう。

やはり、そこには外側の要求にそこまで応える必要性が内面の側にもあったと考えるべきである。傷ついた神経症的自尊心を癒す必要もあったのだろう。

逆境に強い人は自分をコントロールできている。それが自我が確立しているということである。

不愉快なことでも解決に乗り出さないのはなぜか

■現状を変えたくない人の不安

変化についてもう少し考えてみたい。

依存症の中に「惨め依存症」と言われるものがある。それは、アルコール依存症の人がアルコールを飲まないではいられないように、惨めさを誇示しないではいられない人々のことをいう。

惨めであることに自分の存在価値を求めている、その方法しか知らない。

アメリカの惨め依存症の著作に「Locking into Misery」という言葉が出てくる。惨めである状態から抜け出すことができない。鍵を締められて、そこから出られないということだ。

惨め依存症の人は回復力がない。その抑うつ感情が悪循環して、うつ病になっていくこともある。

その惨めである状態に鍵で閉じ込められていることの主要な要素は「変化に対する不安」である。電気ショックに遭ったように惨めな状態に留まると著者は言っている。長い苦しい生活でエネルギーを失っているから、変化するエネルギーがないのだろう。逆境に強い経営者の反対の極にいるのが惨め依存症の人たちだ。


もう一つ変化に弱いという意味では惨め依存症の人の他に、うつ病者の問題がある。変化に弱いから、会社の組織替えなどでうつ病は増加する。会社を分社化したら、うつ病者が増えたという報告もある。

うつ病者は変化を恐れる。または変化に対応できない。変化の時代にうつ病者は多く現れる。この変化への不安と悲観主義が関係があるのは明らかである。

変化した先に何か良いことがあると思えば、変化に立ち向かえる。しかし、変化した先に何も良いことがないと思えば、変化の不安には耐えられない。

今の場所を引っ越しても、新しいところできっと何か良いことがあると思えれば、引っ越せる。新しいところできっとまた良い店が見つかると思えれば、引っ越せる。新しいところできっと良い友人に出会えると思えれば、引っ越せる。

うつ病になるような人は、将来を悲観的に考えるから、なかなかこうは考えられない。事実、良くなっても、その変化に耐えられない。

彼らは安定した秩序空間に頼って生きているから、目まぐるしい社会変化に適応できない。昇進した機会にかかる昇進うつ病も、引っ越してうつ病になる引っ越しうつ病も同じことである。変化が怖い。

エネルギッシュな人は時代や収入に合わせて、家、事務所、職業を変える。年齢にしたがって体力がなくなるのに、うつ病になるような人は年齢に合わせて働く環境をつくることができない。そのエネルギーがないから社会的に生きるのが苦しくなるのである。

エーリッヒ・フロムは人間の非生産的な構えの一つとして、「貯蓄的構え」というのを「Man for himself」という著作の中で挙げている。そして、「貯蓄的構え」の人は「彼らにとって最高の価値とは秩序と安定」と述べている。

また、うつ病者は変化を恐れるが、実は「変化することこそ、抑うつを征服できる唯一の方法なのです」と、ジョージ・ウェインバーグは述べている。[40]

■酸っぱいレモンを甘いと言い張る

「インディアンの教え」に、もし物事が不愉快で変えられることができれば、インディアンは冷静にかつ思慮深く変える努力をする、とある。しかし、もし変えることができなければ、静かに微笑んでそれに耐えると書いてある。[41]

自分が現在従事していることに適性がないのにそれを受け入れることができずに、いつまでも人生を新しく始められない人もいる。

誰がはじめて言ったか知らないが、「甘いレモン」という言葉がある。甘いブドウを「あのブドウは酸っぱい」と言ったイソップ物語のキツネの話の反対を意味する言葉である。酸っぱいのに酸っぱいと認めることができない。

現在の職業は自分に向いていない。つらい。しかし、他人に負けるのが悔しい、他人から失敗者だと思われるのが悔しい、他人から不幸な人間だと思われるのが悔しい、そこでこの職業は素晴らしいと言い張る。

このように、レモンは本当は酸っぱいのに甘いと意地を張る人がいる。酸っぱいと認めて今の状態を変える努力をするエネルギーがない。

ポーランドの哲学者タタルケヴィッチは「幸福な人は、多少やっかいでも、いつでも幸福の幻想から目覚めて、これは真の幸福ではないと思えるのだ[42]」と言っている。

本当にこのとおりなのだ。人間とは、どうしてこうも不思議にできているのだと思うことがある。

不幸な人の中には自分の不幸を認められない人がいる。しかし、言葉としては矛盾しているようだが、幸福な人は不幸を認めることができるのである。酸っぱいものは酸っぱいと認めることができる。

幸福な人は、今の自分は真の幸福ではなく、幸福の幻想に囚われていると感じることができる。しかし、不幸な人はこの感じ方を拒否する。不幸ではないと言い張る。

不幸であることを認められないのには理由がある。その一つの理由は変化を恐れることである。

変化することが怖いから、今の状態は悪くはないと言い張る。不幸であることを認めると、改革をしなければならない。今の結婚生活が不幸であるなら離婚したほうがいい。しかし離婚は怖い。そこで結婚生活の幸せが失われているということを認めることを拒否する。

変えられることも変えないで、ただ不平を言って、現実に直面することを回避して生きることのほうが心理的には楽である。でも生きることそのこと自体は不愉快である。

変えられることは変える。そのことが変えられないことに冷静に耐える条件である。

■幸福な人だけが不幸になることができる

変えるということは創造的なことである。創造的な人は変えようとする動機が強い。創造的な人は不愉快なこと、不都合なこと、それらをそのまま放っておかない。

不愉快なことで変えられることは変える努力をする。変えられないことは不平を言わずに耐える。このことを短い言葉で表現すると次のような言葉になる。

活動的な人は諦めが早い。

毎日不平を言っている人は変えられることも変えようとしない。もちろん変えられない不愉快なことも毎日嘆いている。

毎日不平を言っている人は工夫をしない。創造的でないのである。

さらに先のタタルケヴィッチの本には見事な言葉がある。

「幸福な人だけが不幸になることができる」

幸福な人は「私たちの結婚生活は幸福ではない、失敗であった」と認めることができる。幸福な人はけっして幸福の幻想にしがみつかない。そこで実際に幸せになるための現実的な努力を始める。変化を恐れない。離婚を恐れない。

今、私はタタルケヴィッチの言葉にならって「幸福な人」と書いているが、正確には「情緒的成熟をした人」と言ったほうがいいかもしれない。あるいは「エネルギッシュな人」と言ったほうがいいかもしれない。

ただ、人が幸せになるためには情緒的成熟が必要である。そこでタタルケヴィッチのような言葉を使ってもおかしくはないだろう。

「幸福な人だけが不幸になることができる」とは言葉としては矛盾しているが、内容は見事である。幸福な人だけが不幸という現実に直面していかれる。幸福な人は強い人なのである。

それに対して不幸な人は弱いから、いろいろな理屈をつけて今の状態に留まってしまう。生きるエネルギーがないから、変えられることを変えようと努力しない。

理屈を言っているよりも、変える努力をするほうがずっと気分が良く、哲学的である。理屈を言っている人は、自分のほうが哲学的と思っているが、逆である。

変えるための現実的な努力をしている人のほうがよほど哲学的なのである。

幸、不幸は、その人の特性によって決まる

■複数の視点で物を見られるか

アメリカ国立老化研究所（National Institute on Aging）が一〇年間にわたって調査をしたところ、一九七三年に幸せであった人と一〇年たった八三年も幸せであった人との間には、相関関係があったという。

アメリカのように社会的流動性が高いところでは、一〇年の間にいろいろなことが起こったであろうと想像される。「一〇年前は離婚していたけれど、一〇年後にはまた新しい人と幸せな家庭をつくっている」とか、「一〇年前には仕事が順調だったけれど、一〇年後には失敗していた」とか、いろいろなことがあったはずだが、調査結果は「幸せな人は、一〇年後に幸せであった人と相関関係があった」という。

これは、ある特性を持った人は「困難に出遭っても、なお幸せを更新していく」「困難な中で新たな幸せを見つけていく」ということではないか。つまり、困難と不幸が関連しているのではなくて、その人の特性が関連していたといえるのではないだろうか。

では、その特性とは何か。アメリカの心理学雑誌『Psychology Today』の九二年七・八月合併号に「幸せになる秘訣」という記事が掲載されていて、そこに「〝幸せな人〟の特性は、楽天的であること」と書かれている。

楽天的という特性を持った人は、何か悪いことが起きたときや、自分にとって望ましくないことが起きたとき――たとえば、「失恋をした」とか、「会社の人事で、自分が望んでいた部署に異動できなかった」というような場合に、「それは私の過ちで、この悪いことは続いていく」という考え方をしないというのである。悪いことが起きたとき、「これは続いていく」という感覚を持っていない。

逆に、苦しみからなかなか抜けられない人はどういう人か。ハーバード大学の心理学教授であるエレン・ランガーが、次のような研究結果を発表している。

「離婚後ずっと不幸であった人と、幸せになった人には、どこに違いがあるか」という調査をしたところ、物事をいろいろな視点から見られる人は幸せになっていた。しかし、それができない人は、引き続き不幸であった、悩んでいたという。

たとえば、ある人は自分が不幸であることを離婚と結びつけて、「自分は、離婚したから不幸になった」と思っているけれど、そうではなくて、その人の物の見方に原因があるのではないかということである。

物事を見るときに、いろいろな視点から見られるか、限られた一つの視点からしか見られないか、ということが大きく影響している。

ランガーによれば、離婚後不幸であった人は、たとえば、「離婚の原因は、すべて相手にある」と言っていた人だったということである。

「私が離婚したのは、すべてあの人が悪い」「悪いのは、すべてあいつだ」という、単一の物の見方をしている人、複数の視点で見られない人だといえる。

ランガーの著書を私は訳したが、その中の例を考えてみる。

離婚と同じように、自分の問題の原因を単に遺伝的なものと見ているアルコール依存症の人は、回復に役立つかもしれないコントロールを手放しているように思えると、ランガーは言う。

さらに彼女の著作を引用させてもらえば、「私たちに独りよがりな解釈がある場合、その解釈に反する情報には注意を払わないのが普通だ。そういった情報がベテランのセラピストから与えられても、そうなるものである。とらわれとアルコール依存症を調べた結果、同僚と私はその証拠をつかんだ。私たちは二種類のアルコール依存症の人たちを調べた。若いときにアルコール依存症の人をひとりしか知らない者と、若いときにアルコール依存症の人を何人も――そのいずれもが異なる振る舞いをする――知っている者だ。後者のグループには選択肢に対する見方に偏りは少ないと、私たちは考えた。たとえば、うるさくて暴力を振るうアルコール依存症の人を子どものときにひとりしか知らない場合、その子は依存症の人はいつもそのように振る舞うものだとマインドレスに決めてかかるだろう。その子がのちに依存症になると、違うように振る舞ってもいいとは思いつかないのだ。それでも、その子が性格がばらばらな何人もの依存症を知っていたら、自分の振る舞いや変化の可能性に対するより柔軟な考え方にオープンになることだろう[43]」。

要するに、苦しみからなかなか抜けられない人は視野の狭い人であり、物事をとらえる視点が少ない人である。

■心の中が満たされないわけ

カリフォルニア州立大学の心理学名誉教授であるサミュエル・S・フランクリンは、「幸福観は、その人のパーソナリティーと非常に関係がある」と書いている[44]。

どんなパーソナリティーかというと、第一に「楽天的である」ということだ。楽天的という特性を持った人は、何か悪いことが起きたときに、それが「続いていく」とは考えない。先の『Psychology Today』の記事と共通している。

二番目は「幸せな人は、幸せな人的環境を持っている」ということだ。

神経症の定義はたくさんあるが、一つの特徴として「孤立と栄光」というのがある。社会的に孤立しているけれど、自分一人が得意になっている。幸せな人間環境がない人だということである。

地域社会でも、会社でも、いろいろなところでうまくいっている人は幸せである。一〇〇％の人とうまくいっている必要はない。そんな人は、むしろ心理的に問題があるといえる。七〇～八〇％の人とうまくいっていればいいのである。

今、親子の心がふれあって幸せでいれば、一〇年後に大学入試に失敗しても合格しても、幸せだろう。今も一〇年後も、親子関係は同じだろうから。

だから、ちょっと極端なことを言うと、「今、悩んでいて不幸だ」という人は、一〇年後も不幸だということと相関関係があるということである。

自分の今の感じ方と自分の今の生き方とが、幸せか幸せでないかに大きく影響する。

三番目は「自分に適切な目的を持っているかどうか」ということである。

どうも、われわれは目的を達成することができると「幸せ」、達成できなかったら「不幸」と思いがちだが、そうではない。

自分にとって適切な目的を持っていれば、達成されたか達成されないかは別にして、幸せを感じることができる。夢を持っている人は、夢が実現されているかいないかにかかわらず、神経症的傾向は弱いものである。

少し視点を変えて説明すると、アメリカで実施されたギャンブル依存症の調査(45)がある。人は、ギャンブルに勝ったら「幸せ」、負けたら「不幸」と思うだろうと考えるだろうが、ギャンブル依存症になった人を調査してみると、「win or lose, you are unhappy（勝とうが負けようが、不幸だと感じている）」という調査結果が出ている。

つまり、ギャンブルに勝って「やった！」と喜んでいるうちは、まだ依存症ではないということだ。依存症になったら、ギャンブルをやめられないけど、勝っても嬉しくないということである。

また不幸な人は、自分の望みが叶っても、「もっと、もっと」と欲求がふくらんでいる人だ。満たされていない。そういう人は、自分の本当の望みが分かっていない。判断能力がない。自分にとって何が必要で、何が不必要なのかが分かっていない。だから不幸なのである。

一億円を得たいと思う。しかし、目標の一億円を持ったら、次は五億円が欲しくなって、さらに次は一〇億円欲しくなってしまう。「じゃあ、一〇億円持ったら満足するのか、幸せを感じるのか」といったら、もっと欲求がふくらんで、五〇億円欲しくなる。そして、最後は破綻するところまでいってしまう。

心理学的に、これは実証済みである。ジョージ・ウェインバーグというニューヨークで非常に実績を上げている臨床心理学者はこう言っている。

「人間の行動は、背後にある動機を強化する」

つまり、あることが動機で事に及ぶ。たとえば、劣等感が動機で、あることをする。そうすると、背後にある〝劣等感〟という動機が強化されてしまう。劣等感を動機として努力すると、成功しようが失敗しようが、劣等感が強化されてしまうというのである。

「お金持ちになりたい」という動機から一生懸命仕事をして成功を収め、お金をたくさん持つようになっても、もっともっと欲しくなってしまう。

■不当な重要性が事態を悪くする

古代ギリシャに、デモステネスという大雄弁家がいた。デモステネスはRの発音がよくできなかったが、死に物狂いの努力をして、当代随一の雄弁家になった。

当時は、雄弁であることが高く評価されていた。その時代に当代随一といわれる雄弁家になったわけだから、彼は大成功者である。「これだけの成功者は人類にいない」というほどの成功者、「人間は、努力すれば何でもできるんだ」という見本のような人である。

ところが、彼は自殺してしまった。デモステネスの本を読むと、彼は非常に劣等感が強く、他人が自分をどう見るかを大変気にしていたことをうかがい知ることができる。彼は「Rの発音ができない」という劣等感から自殺したのである。

言い換えれば、Rの発音ができないという事実に「不当な重要性」を置いたのである。「Rの発音ができようができまいが、そんなの、どうでもいいじゃないか」という人もいるが、デモステネスにとっては非常に重要なことだった。

不当な重要性というのは「undue importance」というが、他人から見たら「そんなことに、そこまで価値を置くことはないだろう」ということに重要性を置いてしまって、そのことに自分が縛られる。

デモステネスの自殺の引き金となったのは、マケドニア撃退の演説だった。それがうまくいかなかった。彼はその失敗に堪えられず、自殺してしまった。

デモステネスの例は、達成したら「幸せ」、失敗したら「不幸」と、人は考えがちだが、そういうものではないという格好の例ではないかと思う。結局、幸せか不幸せかは、その人の物の見方や考え方によるということである。

前出のコバサの調査結果が示すように、家族や仕事、地域社会とのつながりを大切にしている人は、勝とうが負けようが、幸せなのである。

解決を考えないから、生きるのに疲れてしまう

■誰でも問題を抱えているのが人生

「幸福論」には、二つの考え方がある。「トップダウン・セオリー」と「ボトムアップ・セオリー」である。

トップダウン・セオリーは「その人のパーソナリティーによって幸・不幸は決まる」という考え、ボトムアップ・セオリーは「環境によって決まる」というものだ。

たとえば、「給料が上がった」とか、「たまたま買った株が上がった」とか、いろいろな良いことがあると幸せを感じる。反対に、嫌なことがあったら不幸だと思う。

どちらの考えが正しいかというと、これまで紹介したいろいろな調査結果などを考え合わせても、トップダウン・セオリーのほうが正しいと考えられる。

今、うつ病は大変な問題で、どこの企業でもそれなりの対策を立てている。うつ病を「大企業症候群」という人がいる。大企業は雇用についていえば恵まれている。明日に解雇される可能性は少ないわけだから。あるいは、公務員にもうつ病は増えている。公務員も解雇される可能性は少ない。

こうした状況を、非正規社員でいつまで仕事があるか分からないという立場の人から見ると、「雇用は安定しているし、家族もいるし、住む家もあるのに、なんで苦しいの？」ということになる。でも、苦しい。

こんなデータがある。

「うつ病になった女性の二五％は、何の理由もなくうつ病になっている」(46)

女性がうつ病になる原因としては、失業、離婚、親が亡くなったなど、いろいろとあるだろう。そのような、避けることができない不幸な事件がいろいろあって、うつ病になる。

ところが調べてみると、何の理由もなくうつ病になる人がいる。正確には、本人にとっては理由がある。調べた側が「理由がない」というだけで、本人にしてみれば

「ある」。

しかし、その理由はどれも「不当な重要性」である。他人にしてみれば、「どうでもいいだろう」ということを、ものすごいことに考えてしまっている。

本人にすれば、「うつ病になった理由がある」というのだろうが、外側から見ると、何の理由もなくうつ病になったと考えざるを得ない。女性のうつ病患者のうちの二五%がそうだと、データは示している。やはり、トップダウン・セオリーが正しいのではないだろうか。

悩んでいる人には、共通性がある。悩んでいる人は、文句を言うことが主題で、解決する意志がない。

人生が楽しくないのは、問題を解決する意志がないからで、私は、悩んでいる人からの手紙や相談、「テレフォン人生相談」というラジオ番組を通して、そういう悩んでいる人と四〇年以上も接してきた。多くの人には、本当に解決するための意志がない。

しかし、人間の生きがいは、一つひとつの小さなことの積み重ねである。

人間は生まれた以上、問題を抱え込む。何の問題もないという人はいない。端から見れば何も悩みがないように見える人にも、いろいろな問題があるものである。その一つひとつの問題を解決することで、人生の意味が出てくる。

問題があるから不幸なのではなくて、不幸を解決することで、生きていることの意味が出てくる。

ところが、問題を解決する意志がなくて、ただ文句を言っているとなったら、これはどうしようもない。

■「私は私」と言える人は幸いである

前出のシーベリーが全米をくまなく回って、悩んでいる人の話を聞き、その共通性を調べた。

コバサは危機を元気に乗り切った経営者を対象に調査をしたが、シーベリーは反対に、市井の、いろいろ悩んでいる人を調査した。

彼が発見した〝悩んでいる人〟の共通性とは、「この一言が言えなかった」ということだった。

どういう一言かというと、「I am not like that.」(「私はそういう人間ではありません」)である。

どういうことか。たとえば、白鳥が良い声で鳴くことはない。もし、良い声で鳴くことを期待するなら、小夜鳴鳥(ナイチンゲール)に期待すればいい。しかし、白鳥はきれいだから、白鳥を見ると、みんなはつい、良い声で鳴くことを期待してしまう。

悩んでいる人は、この白鳥なのである。良い声で鳴くことを期待されたけれど「私は白鳥ですから、それはできません」と言えなくて、小夜鳴鳥のようになろうとしてしまう。これが〝悩んでいる人〟の共通性だと、シーベリーは指摘している。

「いや、申し訳ないけれど、私は白鳥ですから。良い声で鳴くことを期待するなら、小夜鳴鳥に期待してください」――悩んでいる人はこの一言が言えなくて、本当の自分というものを犠牲にして、人の期待にかなって気に入られようとするのである。

このシーベリーの話から、私はイソップ物語の「うさぎとかめ」を思い出した。ウサギと亀が競走して、亀が勝ったという、あの話である。

私は、あれはおかしな話だと思う。なぜならば、そもそも亀はウサギと競走する必要はない。亀は主に水の中にいる動物で、ウサギは陸である。かれらが競走する必要はまったくない。

童謡の『うさぎとかめ』もおかしい。「せかいのうちにおまえほど　あゆみののろいものはない　どうしてそんなにのろいのか」と歌っているが、余計なお世話だ。世の中、この余計なお世話をする人が多い。

ノイローゼになる人は、こう言われて「なんとおっしゃるうさぎさん　それならおまえとかけくらべ……」と、ウサギのペースに乗る人である。そんなことを言われても、「私は亀ですから」と言えば、悩まなくてすむ。

だいたい「どうしてそんなにのろいのか」と亀に言うウサギに問題がある。これは、このウサギが仲間の中で評価されていない証拠である。

自分のテリトリーで満足して生活していれば、人のところに来て「どうしてそんなにのろいのか」なんて言わないものである。ウサギの社会でうまくやっていけないウサギが、亀のところへ来て、こんなことを言うのである。

また、亀も亀で、ちゃんと自己アイデンティティが確立していれば、「どうしてそんなにのろいのか」と言われたら、「大きなお世話だ。放っといてくれ」とか、「じゃあ、あんたは泳げるのか」とか言える。しかし、亀のほうがまた欲求不満だったりすると「なんとおっしゃる」と言ってしまうのだ。

バーンアウトする人というのが、これである。燃え尽きる人は「私は亀です」「私は、そういう人間ではありません」ということを言えない。シーベリーとフロイデンバーガーの言っていることは一致している。

マズローは、自己実現している人の考え方の特徴は「in spite of」(にもかかわらず)にあると言っている。つまり、「私は、心にこんな嫌なことがある。にもかかわらず、私はハッピーだ」と。

自己実現している人は、人に良く思われるためにいろいろなことをやっているわけではなく、自分がやりたいこと、やるべきことをやっているだけである。

「自分の適性はこうだ」ということでやっているから、失敗しようが成功しようが心理的には同じである。どうなろうと、幸せなのである。

物事を肯定的にとらえれば苦しみは軽減する

■納得していれば、重労働も苦にならない

最後に触れておくのは「事実に対する反応は、人によっていかに違うか」ということである。二つの調査を紹介する。

一つめは、アメリカの刑務所での調査である。

刑務所の中では、さまざまな労働を収容者にさせている。重労働もあれば、あまり身体を使わない労働もある。この労働の大変さと、その人の不満との関係を調査したのである。

その結果、労働の大変さと不満とは顕著な関係はないということが分かった。

同じ労働をするから同じにつらいわけではない。

「囚人が刑務所の仕事に対して感じている主観的満足と苦痛の程度との間にもごく僅かな負の相関がみられたにすぎない。ところが、苦痛の程度と過去または未来に関係する要因との間には著しい関係が認められた。（中略）自分は正当に服役すべき以上に長期間服役してきたのだという感じと苦痛の程度との間には著しい関係が存在していた[47]」

軽い労働をやっていても、ものすごい不満を持っている収容者もいる。

要するに、納得している労働には不満が出ないということである。納得していなければ、どんな些細なことでも不満を感じるということである。

刑務所ばかりでなく、土台が不満な人は日常の些細な出来事にも大きな苦痛を感じる。

労働ばかりではない。何事も納得するか、納得しないかで苦しみは大きく違ってくる。

手術をするときに、その手術に納得しているか、納得していないかで、まったく苦労は違ってくる。

「こんな手術は必要ないのではないか？」と疑問を持ちながら手術をうける場合には、その手術は心に大きな負担となる。

納得している場合には心の負担は軽減される。

同じ手術がどのくらい嫌かは、手術の大きさではなく、手術される人がどこまで納得しているかである。

税金も納得をしていれば重税感はない。しかし、納得していなければ軽い税金でも負担感はすごい。

病気と幸せとは関係がある。しかし、それはあくまでもその人が感じる健康と幸せである[48]。

医者が言う健康と、その人の幸福感ではない。医者が健康と思っても、ノイローゼの人は「自分は健康ではない」と感じている。

また、妊婦の中には、妊娠したことを非常に不安に感じる人と幸せに感じる人がいる。この違いは何かというと、「どこに関心がいっているか」ということに関係する。

不安を感じる人は、「子どもができたら、これからは経済的に大変だ」というようなことばかりを考えていて、子どもが生まれてくる喜びを感じることができていない。

同じ妊娠をしても、子どもが生まれてくるという希望に目を向ける人もいれば、子どもが生まれてくるといろいろな負担が出るということにしか目がいかない人もいる。

前出のシーベリーは、「自分の注意が今どこにいっているかということに注意しなさい」と言っている。

■事実に対する解釈が人を悩ませる

二つめは、前出のハーバード大学のランガーが、ボストンの老人関連施設で行った調査である。高齢になっても大変元気な人もいれば、元気がなくなる人もいる。どうしてそういう違いが出るのかを調べたのだ。

ランガーは、次のような仮説を立てた。

「小さい頃からずっとおじいちゃん、おばあちゃんと暮らしている人は、高齢者になっても元気。ケアしてくれる人を困らせたりしない。しかし、小さい頃におじいちゃん、おばあちゃんと一緒に住んでいなくて、一三歳とかのある時期から高齢者と一緒に住みだした人は、高齢になってからブツブツ文句を言ったり、元気がなくなったりする」

なぜこのような仮説を立てたかというと、小さい頃はお父さん、お母さんが偉く見えるものだが、おじいちゃん、おばあちゃんは、さらにその上にいるということで、高齢者を尊敬すべきものとしてとらえている。

ところが、中学生など生意気盛りの、まだ人生も分かっていない時期に、たまたま高齢者と一緒に住みだすと、ばかにする。荷物を持つにしても、自分のほうがずっと重いものを持てる。歩くのも、自分のほうが速い。何をやっても自分のほうができるので、高齢者を尊敬しない。だから仮説のようになるのではないか、と考えたのだが、実際に調査をしてみると、そのとおりだった。

つまり、高齢者を尊敬している人、言い換えれば、高齢であることを肯定的に解釈している人は、自分が高齢者になっても、けっして自己蔑視《べっし》はしない。自己尊敬である。だから、元気でいられる。

ところが、自分が反抗期なり、小さい頃に高齢者をばかにしたことがある人は、自分がばかにしていた人になったわけだから、自己蔑視をする。それで不機嫌になり、元気もなくなるということである。

結局のところ、人間に影響を与えているのは「事実」ではなく、事実に対する「解釈」なのである。元気か、元気でないかを決めるのは、高齢者になったという事実ではなく、高齢を肯定的に解釈するか、否定的に解釈するか、なのである。

病気も同様だ。病気は誰でも嫌である。健康がいいに決まっている。けれども「病気」と「病苦」は違う。

ちょっとした病気になっても生きるか死ぬかのような大騒ぎをする人もいれば、かなり重病になっても平然と受け入れている人もいる。

その人がどのくらい苦しむのかは、性格によってまったく違う。病気そのものに苦しむ以上に、それに付随することに苦しむ人がいる。

「もし病気でなければ、こんなことができるのに」と、自分の今の状態を無念に思う人は、必ず焦る。思うように回復してくれない自分の身体にイライラすることだろう。

しかし、「かえって病気になってよかった。ここで十分に休養しておこう。きっと神さまが『休め』と言っているのだろう」と思って、回復を運に任せる人もいる。同じ病気でも、人によって苦しみはまったく違う。

楽観的解釈の人か、悲観的解釈の人か

■苦しみの原因をどこに求めるか

同じ事柄でも「悲観的解釈をする人」と「楽観的解釈をする人」がいる。その違いはどこにあるのか、例を挙げてみる。

ある年の四月、悲惨な事件が起きた。広告代理店の新入社員が、電車の走る線路に飛び込んで亡くなった。原因を調べてみると、その会社は新人研修の一環として「広告をとってこい」と、新入社員を営業に出したのだが、彼は一社も広告をとれなかった。それを苦にして自殺したということが分かった。

しかし、他の新入社員も同じように営業に出されたのだが、彼と同じように広告をとることはできなかった。でも、彼らは普通にしている。

では、どこが違うのか。これは、自分にとって望ましくないことが起きたときに、その原因を「自分の内に求めるか」「自分の外に求めるか」の違いで、楽観的解釈の人か、悲観的解釈の人かを分けるメルクマール（指標）の一つである。自殺した彼は、原因を自分の内に求めたのである。

たまたま彼は日記を残していたのだが、そこには「自分は口下手だから、広告をとれない」とあった。広告をとれないという、自分にとって望ましくないことを、自分は口下手であるというところに結びつけてしまった。

悲観的解釈をする人は、望ましくないことが起きたときに、それを自分の弱点と結びつけて考えがちである。しかし、本人が弱点と思っていることが実際の弱点かどうかは、また別の話である。

イソップ物語に、鹿の話がある。

鹿が湖に映った自分の姿を見て「おれの角は、すごく立派だ。だけど、足はこんなに細い。なんで、おれは足が細いんだ。この角のように立派だったらいいのにな」と、自分の角を自慢に思いながら足の細さに嘆いていると、草原のかなたにライオンの姿が見えたので、鹿は猛烈なスピードで逃げた。

捕まりそうになった寸前、林の中に飛び込んで「ああ、これでライオンから逃れられた」と思ったら、自慢の角が林の木に引っかかり、結局食べられてしまった——という話である。

要するに、本人が長所と思っているものはけっして長所ではないし、弱点と思っていることは本当の弱点ではないということである。

また、悲観的解釈をする人は、ある結論を証拠もなく引き出してくる。そして、その結論は「駄目に決まっている」という、消極的なものである。

一方、楽観的解釈をする人は、望ましくないことが起きたのは〝巡り合わせ〟など、外的な要因のせいだと考える。

■未来への明るい見通しを持てるか

さらに、楽観的解釈の人か、悲観的解釈の人かを分けるメルクマールを挙げると、よくない出来事を起こした原因を「持続的なものと思っているか」「一時的なものと思っているか」ということがある。

たとえば、人事異動があって、自分が望む部署に異動できなかったとき、「次もまた駄目だろう」と思うのが悲観的な人。楽観的な人は「今回はたまたま駄目だったけれど、次回は希望するところに行けるかもしれない」と考える。先に述べた〝幸せな人〟の特性と一致する。

精神病院での痛ましい事例である。「精神病院の患者が、『絶望的な病棟』として知られた病棟にいた。そこに病院の改修工事が持ち上がり、その病棟にいる患者は、回復・退院がすぐに見込まれる患者用の病棟へと一時的に移されることになった。移っていた間、患者たちの健康は回復した。だが改修工事が終わると、元の絶望的な病棟へと戻された。この患者は、その後すぐに亡くなった。これといった死因はなかったという[49]」。

これは「ああ、やっぱり駄目か」という気持ちになることは、非常に心に悪い影響を与え、反対に希望を持つということは良い影響を与えるということを示している。

持続的なものと考えるか一時的なものと考えるかによって、大きな差が生まれる。

自殺する人というのは、こう考える。

グループのメンバーに一人ずつ苗木が与えられたが、全員、木の実がつかなかった。自殺する人は「今、実がつかないと、来年もつかない」と思い、さらに自分だけが実のつかない苗木をもらったと思う。

現在がどれほど堪えがたいかは、現在の困難だけによって決まるものではなく、その人が持っている将来の見通しによって決まるということである。

だから明るい見通しを持っている人は、困難に挫けないし、焦らない。無気力にもならない。困難に際しても、心の平静さを失わない。

しかし、将来について暗い見通しを持っている人は、小さな困難にも負けてしまうし、焦り、無気力になる。その人の持っている将来の見通しが、その人の忍耐力や活力に大きく影響する。

■拡大解釈は不幸の源

楽観的解釈の人か、悲観的解釈の人かを分けるメルクマールはもう一つある。それは「拡大解釈をするか」「限定的解釈をするか」ということである。

楽観的な人と悲観的な人では、自分の悩みごとをどの範囲まで広げて考えるかが違う。その問題をあらゆることに重ね合わせて考えることが「拡大解釈」であり、状況を限定して考えることが「限定的解釈」である。

先に書いた広告代理店の新人の話でいうと、広告をとれなかったということから「自分はこの会社でやっていけない」ということにまで広げてしまった。そして、さらに広げて「だから、私の人生は駄目」というところまでいってしまった。

これに対して、楽観的な人は限定して考える。「広告をとれなかった。でも、それはたまたまあの会社に行ったからかもしれない」「広告がとれなかったのは、この洋服で行ったからかもしれない。たまたま出てきた人に気に入らない服装だったからで、違った人だったら広告がとれたかもしれない」と、あくまでも限定するのである。

私が、ある講演会を失敗したとする。私が楽観的だったら「こういうテーマは、今日聴きに来てくれた方たちにはふさわしくなかったのかもしれない」と考える。ところが、悲観的だと「今日、講演会を失敗した。おれは講演が下手だ。おれは、この職業はやっていけない。おれの人生はどうなるんだ」と、どんどん広げていってしまう。状況を拡大してとらえるのか、限定してとらえるのかによって、ずいぶん違いが出る。

心理学者のマーティン・セリグマンが、マウスを使った実験で、ある場面で学習した絶望感・無力感は、他の場面に転移することを証明している。

「対処不可能性によって生じる絶望感の心理状態は、反応を行おうとする意欲を全般的に低下させるように思える[50]」

「対処が不可能な事象は、他の事象に対処しようとする自発的な反応の喚起力を低下させた[51]」

「自分の力では、この水溜まりは飛び越えられない」ということを学習した動物に、別のことをやらせようとする。たとえば、木に登らせようとしても、そのこともできないと思って、やろうともしない。これが拡大解釈である。セリグマンの言葉を使えば、否定的な認知セットである。[52]

人間もどちらかというと、拡大して考えがちである。しかし、これは跳び箱ができないだけなのに「自分は石けりもできない、水泳もできない」と思うに等しい。

大学院でまったく駄目な人でも、政界に入ったら才能を発揮するかもしれない。ところが不思議なことに、ある場面で学習した絶望感は他の場面に転移する。

拡大解釈をする人は、何か失敗しても、その原因を個別具体的なことに求めない。自分の対人関係がうまくいかないのは「自分の服装が暗いから」とか、「人の提案に何でも反対するから」とか、「言葉づかいが悪いから」とか、「いつも人の悪口を言っているから」とか、「無意識に敵意があるから」とか、「挨拶はするけれど、気持ちが込もっていないから」だとか、そうは考えない。すべて「自分の小心から」などと解釈してしまう。

なぜ拡大解釈が悲観的かというと、工夫の余地がない。

うまくいかなかった原因を個別具体的に考えれば、工夫の余地がある。「今度人とつき合うときには、こういうふうにやったらいいかもしれない」となる。しかし、拡大解釈をすると、それができないのである。

先ほどの広告代理店の新人は、すべてを「自分は口下手だから」に結びつけてしまった。口下手だけれど、誠実に見える人はたくさんいる。採用面接で「口下手だけど、でも、何かこの人は誠実そうだな」と思ったら、会社は採用しないだろうか？　口下手だから駄目だといって、「会社も人生もやっていけない」と考えるのはどうだろう。

理論的に、立て板に水を流すように話す人もいるが、そういう人がすべて成功するかというと、そうではない。やはり、口下手でも「誠実だな」と思ってもらえれば、人間関係もうまくいく。しかし、悲観的な人は、そのように解釈しない。何かあったときに、自分の弱点と思っていることに結びつけてしまう。

だけど普通は、時間がたつにしたがって、「でも、そういえばそうでもないよな」というように、だんだんと拡大解釈から限定的解釈になっていくものである。「そういえば、あのとき、おれはこういうことをしたから、それがいけなかったのかな」と考えられるようになる。

■悲観的な考え方は能力を低下させる

人に話しかけたのにすげない態度をとられたという経験は、誰でもあるだろう。このようにうまくいかなかった人間関係に対して、どれくらいの解釈があるかを、ミシガン大学教授のクリストファー・ピーターソン博士等の論文[53]に従って述べてみる。

一番目は外的・一時的解釈である。その中でも、限定的解釈では「彼は取り付く島もなかった」となるが、拡大解釈では「人というのは、時々あんなふうに振る舞うのだ」となる。拡大解釈になると、「彼は」ではなくて「人は」となる。

二番目は外的・持続的解釈で、限定的解釈では「彼は、親密なつき合いが苦手な人だ」。これが拡大解釈になると「人というのは、誰かと深く関わろうとすると、いろいろな問題が起きるものだ」。

三番目は内的・一時的解釈で、限定的解釈は「私とのおしゃべりに、彼はうんざりしていた」となり、拡大解釈では「私は時々、人をうんざりさせる」となる。

四番目は内的・持続的解釈である。限定的解釈は「私は、彼にとって魅力的ではない」。拡大解釈では「私は、魅力的な人間ではない」。

外的・一時的・限定的解釈はもっとも楽天的で、内的・持続的・拡大解釈はもっとも悲観的である。

「彼は取り付く島もなかった」という解釈から「私は、魅力的な人間ではない」という解釈にまで違ってしまうのである。「自分は人づき合いがうまくいかない」とか、「コミュニケーション能力がない」と悩む人はたくさんいるが、解釈そのものが楽天的になれば、そんな問題も解決していく。

ところで、誤解しないでほしいのは、やみくもに〝楽天主義のほうがいい〟ということではない。世の中には「もう少し自分の責任を感じろよ」と言いたいくらい無責任な人間がいる。自己を見つめ直すことも必要である。

大切なのは〝努力する楽観主義者〟である。

「冷たい水に入れられたネズミは、四十時間から六十時間の間、何ら苦にすることなく泳ぎ続ける。ところが、水にいきなり入れずに抵抗をやめるまで押さえていると、それまでとは違ったことが起きた。そのネズミは泳がずに、すぐにあきらめておぼれたのである[54]。」

ネズミが抵抗を止めた瞬間というのは、「ああ、駄目だ」とマウスが思った瞬間である。その瞬間を捉えて、パッと水に入れたのである。

マウスは何時間も泳ぐことができるスキルがあるにもかかわらず、三〇分もたたないくらいで力が尽きてくる。高い能力があるのに「自分は駄目だ」と思った瞬間、能力がストーンと落ちる。絶望感がいかに恐ろしいかということである。

われわれは「能力がある」とか、「能力がない」ということをかなり問題にするが、そんなことよりももっと大切なのは「楽観的か」「悲観的か」ということである。自分が駄目だと思ったら、能力がストーンと落ちてしまう。

「自分の努力は何の意味もない」「自分の努力は物事を解決できない」「自分の力は有効ではない」と思って諦めたということであるし、対処能力を喪失したということである。悲観的に物事を考えると、能力は落ちてしまう。

楽観的に考えて、努力を続けることが肝要である。

■ここに気づけば、逆境に強くなる

自分には能力がないと思ったことで能力を失う。

今逆境に弱い人は、自分が逆境に弱いということを嘆く必要はない。

逆境に弱い人は逆境に弱い人になるような過去があり、そこから逆境に弱い人になるように生きてきたのである。

たとえば小さい頃、権威主義的な親に育てられた。そういう人は小さい頃、「どうにもならない」ことを体験している。

この「どうにもならない」という体験が、それ以後、対処可能な事象にも対処できないという認知をするようになったのかもしれない。

この小さい頃の親子関係が逆境に弱い人になる原点かもしれない。

自分が今逆境に弱い人であると思う人は、その原点を探り、そしてそう生きてきた行動の仕方を見つめてみることである。それで逆境に強い人への道をスタートしたことになる。

セリグマンは「人間の学習性絶望感においても、このような負の認知セットの形成に導くことに気づいた[55]」。

負の認知セットとは、もとの言葉では否定的認知セットであるが、私はこれを「負の認知拘束」あるいは「自己否定的認知拘束」と呼んでいる。

つまり、自分の認知の仕方が自由ではない。正しくない。本人は気がついていないが、自己否定的に物事を認知するように拘束されている。

逆境に弱い人は、この自己否定的認知拘束に陥っているだけのことである。

逆境に弱い人は、物事を認知する仕方がいかに歪んでいるかということにまず気がつくことである。

それに気がつけば世界は一変する。

すでに説明したスーザン・コバサの逆境に強い経営者だって、もし小さい頃に彼らが権威主義的な親子関係で「どうにもできない」というコントロール不可能性を体験していたら、逆境に弱い経営者になっていたかもしれない。

逆境に強い経営者である彼らも、逆境に際して自分がコントロールするなどという心の姿勢はなかったかもしれない。コントロールできる状態でもコントロールできないと感じていたかもしれない。

「対処不可能性は対処の認知を歪めてしまう[56]」

逆境に強い経営者は、小さい頃から物事を認知する仕方が歪んでいなかっただけである。

だとすれば、逆境に弱い人は自分の認知の歪みを直せば、逆境に強い人になれる。

あとがき

オリソン・S・マーデンというアメリカの作家の本を読んでいたら、次のような話が載っていた。

今から百五十年近く前、リオンで開かれたある晩餐会で、ギリシャの神話か歴史を題材にした絵画の解釈をめぐって議論が持ち上がった。

議論が白熱してきたのを見て、その家の主は給仕人のひとりに向かって、その絵について説明するように言った。

給仕人はその絵のテーマについて簡明に説明し、それが非常にわかりやすく説得力があったために、すぐに議論に決着がついた。その場に居合わせた人々はたいへん驚いた。

「どこの学校で勉強なさったのですか？」

客のひとりが丁重に訊ねた。

「いろいろな学校で学びました」

給仕人は答えた。

「ですが、私が最も長く学び、最も得るところが多かったのは〝逆境〟という学校です」

彼は、貧困から多くのことを学んでいた。なぜなら、彼、ジャン・ジャック・ルソーはやがてその著作によって、当時のフランスで傑出した天才と呼ばれ、その名声がヨーロッパ中に知れ渡るようになるからである。


——以上が、マーデンの本に載っていた話である[57]。

ところで、「〝逆境〟という学校です」とジャン・ジャック・ルソーが答えたからといって、逆境そのものがつねに人に何かを教えてくれるわけではない。逆に、学校に行っても何も学ばない人がいるのと同じである。

逆境の中で「この逆境で自分を鍛えよう」と思った人は、逆境から何かを学び、逆境の中で成長する。

「この逆境は自分に何を教えてくれるのか」と逆境の中で考える人は、いつかチャンスをつかむ。しかし、逆境の中で不満を持っている人は、いつになってもチャンスをつかめない。

「この逆境を乗り越えれば、その向こうに素晴らしいことがある」と夢を捨てなかった人がチャンスをつかむ。

逆境とは一つの文化である。

人は「これしかない」と思うから、それに執着する。

何かに執着していると運が来ない。それなのに人々は今の役職に執着する。

執着すると不安を引っ張ってくる。何かに執着していると運が来ない。

変化は怖いが、今の困難を乗り越えたときに、変化は大切だなと感じる。変化しなければ、そこに行けない。変化が怖いときには波に乗っていない。

せっかくこの世に生まれてきたのだから、新しい人生を切り開いていこう。

変化がそれほど怖いものではないと気がついたとき、不運は幸運に変わる。幸運が待っている。


運の悪い人は、今解決すべきことがあるのに、それから逃げている。

運が良くなる人は、変化に際して最悪の事態を想像し、覚悟できる人である。

覚悟するから気楽になれる。そして迷わないから力が発揮できる。


人間は生産性を持っている。

変化が怖い人は、自分を大事にして生きていない。「今がよければいい」は、自分を大事に生きていない。

今をきちんと生きていれば運は必ずよくなる。

生きるということはさまざまな体験を受け入れること。生きるということは、同じ位置にいてはいけない。

自分の逆境に不平を言うのをしばらく止めてみる。不平を言っても運は回ってこない。これは幸運へのステップだと思って、つらいけれどもしばらく行動の予定表を作って努力してみる。

この本は今までと同じように、南暁副会長と編集部の三輪謙郎氏にお世話になった。

加藤諦三

二〇一五年一月

註

1 Higgins, Regina O'Connell, *PSYCHOLOGICAL RESILIENCE AND THE CAPACITY FOR INTIMACY: HOW THE WOUNDED MIGHT*, ProQuest Dissertations and Theses; 1985; ProQuest pg. n/a, p.93

2 Aaron T. Beck, *Depression*, University of Pennsylvania Press, 1967

3 Gina O'Connell Higgins, ibid., p.93

4 Gina O'Connell Higgins, ibid., p.XII

5 David Seabury, *How to Worry Successfully*, Blue Ribbon Books: New York, 1936 加藤諦三訳『心の悩みがとれる』三笠書房、一九八三年、二〇五頁

6 前掲書、二一〇頁

7 George Weinberg, *Self Creation*, St. Martin's Press Co., New York, 1978　加藤諦三訳『自己創造の原則』三笠書房、一九八四年、一一三〜一一六頁

8 David Seabury, *How to Worry Successfully*, Blue Ribbon Books: New York, 1936　加藤諦三訳『心の悩みがとれる』三笠書房、一九八三年、二一一頁

9 前掲書、二〇三頁

10 前掲書、二一〇頁

11 前掲書、二一二頁

12 Alfred Adler, *As We Remember Him*　柿内邦博他訳『アドラーの思い出』創元社、二〇〇七年、六〇頁

13 David Seabury, *How to Worry Successfully*, Blue Ribbon Books: New York, 1936　加藤諦三訳『心の悩みがとれる』三笠書房、一九八三年、二〇五頁

14 前掲書、二一一頁

15 宮本忠雄、小田晋訳『精神医学的人間像』フランクル著作集六、みすず書房、一九六一年、五九頁

16 霜山徳爾訳『神経症Ⅱ』フランクル著作集五、みすず書房、一九六一年、四〇頁

17 宮本忠雄、小田晋訳『精神医学的人間像』フランクル著作集六、みすず書房、一九六一年、五九頁

18 Gina O'Connell Higgins, *Resilient Adults*, Jossey-Bass Publishers, 1994, p.17

19 Hubertus Tellenbach, *MELANCHOLIE*, Springer-Verlag, 1961　木村敏訳『メランコリー』、みすず書房、一九七八年、四一頁

20 Robert B.Cialdini, *Influence:Science and Practice. 4th ed*, Allyn & Bacon　社会行動研究会訳『影響力の武器』、誠信書房、二〇〇七年、一八九頁

21 Higgins, Regina O'Connell, *PSYCHOLOGICAL RESILIENCE AND THE CAPACITY FOR INTIMACY: HOW THE WOUNDED MIGHT*, ProQuest Dissertations and Theses; 1985; ProQuest pg. n/a, p.39

22 Gina O'Connell Higgins, Ibid., p.XIII

23 Gina O'Connell Higgins, Ibid., p.XV

24 Gina O'Connell Higgins, Ibid., p.XII

25 David Seabury, *Stop Being Afraid*, Science of Mind Publications, Los Angeles,1965　加藤諦三訳『問題は解決できる』、一九八四年、三笠書房、一五七頁

26 Denis E. Waitley, *The Psychology of Winning*,1979, Berkley Books　加藤諦三訳『成功の心理学』、ダイヤモンド社、一九八六年、二七頁

27 Herbert N. Casson, *Thirteen Tips on Luck*, B.C. Forbes Publishing Co., N.Y., 1929

28 Higgins, Regina O'Connell, *PSYCHOLOGICAL RESILIENCE AND THE CAPACITY FOR INTIMACY: HOW THE WOUNDED MIGHT*, ProQuest Dissertations and Theses; 1985; ProQuest pg. n/a, p.93

29 Higgins, Regina O'Connell, Ibid., p.77

30 Marlane Miller, *Brainstyles*, Simon & Schuster, Inc., 1997　加藤諦三訳『ブレイン・スタイル』講談社、一九九八年、七五頁

31 Higgins, Regina O'Connell, *PSYCHOLOGICAL RESILIENCE AND THE CAPACITY FOR INTIMACY: HOW THE WOUNDED MIGHT*, ProQuest Dissertations and Theses; 1985; ProQuest pg. n/a, p.72

32 Gina O'Connell Higgins, *Resilient Adults*, Jossey-Bass Publishers, 1994 , p.XI

33 Gina O'Connell Higgins, ibid., p.XII

34 Gina O'Connell Higgins, ibid., p.XIII

35 Gina O'Connell Higgins, ibid., p.XIII

36 Higgins, Regina O'Connell, *PSYCHOLOGICAL RESILIENCE AND THE CAPACITY FOR INTIMACY: HOW THE WOUNDED MIGHT*, ProQuest Dissertations and Theses; 1985; ProQuest pg. n/a

37 Kenneth Pelletier, Ph.D., *Between Mind and Body: Stress, Emotions, And Health., Mind /Body Medicine*, edited by Caniel Goleman, Ph.D., and Joel Gurin. Consumer Union, 1993

38 Redford B. Williams, *Hostility and the Heart, Mind / Body Medicine*, edited by Caniel Goleman, Ph.D., and Joel Gurin, Consumer Union, 1993.

39 Alan Loy McGinnis, *BRINGING OUT THE BEST IN PEOPLE*, Augsburg Publishing House, 1985　加藤諦三訳『ベストを引き出す』、一九八七年、九四〜九五頁

40 George Weinberg, *Self Creation*, St. Martin's Press Co., New York, 1978　加藤諦三訳『自己創造の原則』三笠書房、一九七八年、一五八頁

41 *The Indian's Secrets of Health or What the White race may Learn from the Indian*, p.222

42 WTADYSTOW TATARKIEWICZ, *ANALYSIS OF HAPPINESS*　加藤諦三訳『こう考えると生きることが嬉しくなる』三笠書房、一九九一年、一〇四頁

43 Ellen J. Langer, *Mindfulness*, Da Capo Press, 1989　加藤諦三訳『心の「とらわれ」にサヨナラする心理学』、ＰＨＰ研究所、二〇〇九年、九三頁〜九四頁

44 Michel Argyle, *The Psychology of Happiness*, Methuen & Co. LTD, London & New York, 1987.

45 Mary Heineman, *Losing Your Shirt*, Hazelden, 1992, 2001

46 Michel Argyle, *The Psychology of Happiness*, Methuen & Co. LTD, London & New York, 1987, p.119

47 Kurt Lewin, *Resolving Social Conflicts*　末長俊郎訳『社会的葛藤の解決』東京創元社、一九五四年、一三九頁

48 Bruno S. Frey, *Alois Stutzer, happiness & economics*, Princeton University Press, p.56」

49 Ellen J. Langer, *Mindfulness*, Da Capo Press, 1989, 加藤諦三訳『心の「とらわれ」にサヨナラする心理学』ＰＨＰ研究所、二〇〇九年、九六〜九七頁

50 Martin Seligman, *Helplessness*, W.H. Freeman and Company, 1975　平井久、木村駿一監訳『うつ病の行動学』誠信書房、一九八五年、三四頁

51　前掲書、三五頁

52　Martin Seligman, *Helplessness*, W.H. Freeman and Company, 1975

53　Christopher Peterson, Ph.D.,and Lisa M. Bossio, *Healthy Attitudes: Optimism, Hope, and Control, Mind /Body Medicine*, edited by Caniel Goleman, Ph.D., and joel Gurin. Consumer Union, 1993

54　Ellen J. Langer, *Mindfulness*, Da Capo Press, 1989　加藤諦三訳『心の「とらわれ」にサヨナラする心理学』ＰＨＰ研究所、二〇〇九年、九六頁

55　Martin Seligman, *Helplessness*, W.H. Freeman and Company, 1975, p.35

56　Martin Seligman, *Helplessness*, W.H. Freeman and Company, 1975　平井久、木村駿一監訳『うつ病の行動学』誠信書房、一九八五、三五頁

57　加藤諦三『すべての出来事をチャンスに変える心理学』、三笠書房、一九九九年、四一～四二頁

本書は電子書籍『逆境に強い人』『逆境に弱い人』（ともに株式会社クリーク・アンド・リバー社制作）を一冊に構成し、新原稿を大幅に加え、再編集したものです。

加藤 諦三（かとう・たいぞう）
1938年、東京に生まれる。東京大学教養学部教養学科を卒業、同大学院社会学研究科修士課程を修了。早稲田大学名誉教授、ハーバード大学ライシャワー研究所客員研究員、日本精神衛生学会顧問。ラジオ（ニッポン放送系列）のテレフォン人生相談のパーソナリティを40年以上つとめている。
著書には『対象喪失の乗りこえ方』『「心の不安」が消える本』『モラル・ハラスメントの心理構造』『自信と劣等感の心理学』（以上、大和書房）、『やさしい人』（PHP研究所）、『あの人はなぜ、ささいなことで怒りだすのか』（青春出版社）、『嫌いなのに離れられない人』（朝日新聞出版）、『自分をいちばん幸せにする生き方』（三笠書房）など多数ある。
[ホームページ] http://www.katotaizo.com/

逆境《ぎゃっきょう》に弱《よわ》い人、逆境《ぎゃっきょう》に強《つよ》い人
ここに気《き》づけば自信《じしん》が持《も》てる

2015年3月5日　第1刷発行

著　者 ―――――― 加藤《かとう》 諦三《たいぞう》
発行者 ―――――― 佐藤 靖
発行所 ―――――― 大和《だいわ》書房
東京都文京区関口1-33-4　〒112-0014
電話　03(3203)4511
http://www.daiwashobo.co.jp

装　丁 ―――――― 石田嘉弘
本文印刷 ――――― 厚徳社
カバー印刷 ―――― 歩プロセス
製本所 ―――――― 小泉製本

ISBN978-4-479-64040-0